JN172301

JILPT 第3期プロジェクト研究シリーズ *No.6*

若年者就職支援と
キャリアガイダンス

—個人特性に配慮した進路選択の現状と課題—

労働政策研究・研修機構 編

ま　え　が　き

　学生・生徒が就職するにあたり、学校現場での進路指導・キャリアガイダンスはこれまで大きな力を発揮してきた。集団セミナーや適性検査等の実施を通じて若者の自己理解・職業理解を支え、個別にもきめ細かな指導がなされてきた。一方、経済環境の悪化を受けて、卒業後に正社員として就職できない若者が 1990 年代後半以降増えはじめ、結果として若者の進路は現在に至るまで多様化の一途をたどっている。このような流れの中で、若者の就職については、従来の学校による進路指導に加えて、若年者向け就職支援機関の役割が拡大し、重要性も高まってきている。現在、若者に対する進路指導・キャリアガイダンスの実態はどのようになっており、また就職活動に苦戦する若者にはどのような手が差し伸べられているのだろうか。その実態は、個々の事例を耳にすることはあっても、量的・質的にまとまった知見として報告される機会はこれまでになかった。そうしたキャリアガイダンスの実態把握に研究として新たな光をあて、アンケート調査とヒアリング調査を通じてとりまとめたのが本書である。

　当機構では、平成 24 年度から平成 28 年度にかけて「生涯にわたるキャリア形成支援と就職促進に関する調査研究」と題した第 3 期プロジェクト研究を実施した。その中で本書では、学校現場での進路指導・キャリアガイダンスの実態調査と、学校および就職支援機関での若年就職困難者への支援に関する実態調査を中心にとりまとめている。本書が、就職支援の第一線に立つ高校・大学等の教職員やハローワークをはじめとする就職支援機関の支援者にとって有用な情報提供となり、現場での実践や対応のヒントとなれば幸いである。

2018 年 3 月

独立行政法人　労働政策研究・研修機構

理事長　菅野　和夫

目　次

序章　若者の雇用環境の現状と問題

深町　珠由

1　問題意識と目的

　若者が学校を離れて初めて就職するとき、誰が支えるのか。就職の「主役」は、その若者本人にほかならない。しかし、そうした若者に対し、進路指導、キャリアガイダンス、就職指導といった形で情報提供や指導を行い、重要な指南役の役割を果たしてきたのは学校である。低学年からのキャリア教育での職業観・勤労観の醸成といった基礎教育的側面から、進路先となる上級学校への進学指導、入職のための就職支援までを含めると、学業面だけでなく就職面に関しても学校の果たす役割は非常に大きく、また幅広い。伝統的なキャリア発達理論という観点からみても、若者という人生の一時期は、時間的に非常に短く限られた期間であるにもかかわらず、自分の能力・興味といった適性から将来の職業の可能性を考慮して探索し、将来の方向を定め、試行する（Super, 1957）というように、職業発達上重要な試行錯誤や意思決定が度重なる時期でもある。そのような意味でも、若者が多くの時間を過ごす学校において、キャリアの方向性を指導・支援することは極めて合理的で妥当なことといえる。

　学校が今でも若者向けキャリアガイダンスの主要な担い手であることは確かだが、一方で、学校だけで若者の就職や進路のすべてに対応することは難しいのも現実である。**図表序-1、2**は、大学・高校それぞれの新規卒業後の進路状況を示している。大学卒業直後に無業あるいは一時的な仕事に就いた者の割合は、2016年時点では景気回復等の影響を受けて10.6％と少なくなったものの、1990年代後半から2000年代前半にかけて年々増加する時期もあり、卒業者の約4人に1人が無業状態という時期もあった。高校の場合、卒業直後に大学等へ進学する者は2016年の数値では54.7％と半数以上に上るが、就職者や予備校等に通う進学準備の者を除き、5.1％の者が進学でも就

4

職でもない（無業等）状態にある。非正規雇用の従事者割合は、若年層が他
の年代と比べて特に高く、2016年の労働力調査では15〜24歳の非正規雇用
者の比率が48.1％で、年齢計の37.5％と比べて高い。若者の非正規雇用者比
率が他の年齢層よりも高い状態は1990年代後半から続いており（**図表序-3**）、
非正規就労という進路は、若者にとっては身近であり、決して珍しい選択肢
ではないことがうかがえる。ところが、非正規就労を選んだ若者が途中から
正規雇用を目指そうとしても、非正規就労の経験に対する企業からの評価は
高くなく、結局のところ正規雇用での就職が成功しにくいという事実に直面
する[1]。それだけに、在学時からの、正規雇用を目指した進路指導やキャリ

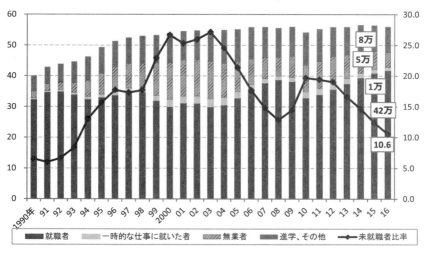

図表序-1　新規大卒者の進路状況

（注）折れ線の「未就職者比率」とは、新規大卒者全体の中で、「無業者」と「一時的な仕事に就い
た者」が占める割合を示している。

（文部科学省「学校基本調査」）

1　例えば、2011年3月に公表された「フリーター等の活用についての調査研究事業」の企
　業向けアンケート結果（厚生労働省委託調査）によると、全国の中小企業674社からの回答
　で（有効回答数21.6％）、フリーターを正社員として雇用することへの意向は「あり」と回
　答する企業が約50.0％に上るものの、正社員採用における優先順位で最も優先するのは「新
　卒採用」であり、特にフリーターが異業種で働こうとする場合に正社員採用における優先順
　位が低いという結果が得られている。

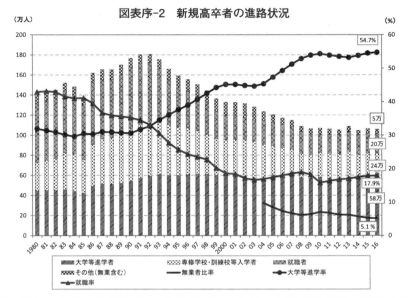

図表序-2　新規高卒者の進路状況

(注) 棒グラフの「その他（無業含む）」は「不詳・死亡」を含む。ただし無業者比率の算出には「不詳・死亡」を除外し、全卒業者のうち「その他（無業含む。不詳・死亡含まず）」の割合を示した。

（文部科学省「学校基本調査」）

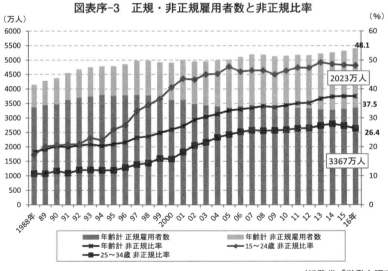

図表序-3　正規・非正規雇用者数と非正規比率

（総務省「労働力調査」）

アガイダンスが重要となる。若者の多様な進路という現実や、就職後 3 年以内の離職率がいまだ高止まりしており定着も難しいという現実に対し、学校は卒業後の若者の初期キャリア形成にもかかわり続けることが理想である。しかし、当然のことながら、学校側にもリソースの限界があり、現役生への対応だけでも十分忙しく、卒業生全員に理想的なかかわり方ができるというものでもない。そこで、学外の就職支援専門機関の存在が大きな意味をもつ。

　日本では、他の先進諸国と比較して若年層の失業率が低い傾向にあるが[2]、その背景のひとつとして、「新規学卒一括採用」の慣行の影響が大きい。すなわち、学卒直後の就業未経験者であっても就職が比較的容易であることの影響が大きい。1990 年代後半より、社会経済のグローバル化の影響を受け、日本企業での新規学卒一括採用の慣行に異変が生じるようになり、特に景気後退期で新卒採用数が抑制されるようになった。その結果、一部の若者で卒業直後の非正規就労や無業という事態につながることとなった。そうした若者に対し、早期からのキャリア教育の推進を含む就労支援施策の端緒となったのが、厚生労働大臣、文部科学大臣、経済産業大臣、経済財政政策担当大臣の連携の下「若者自立・挑戦戦略会議」において 2003 年 6 月に策定された「若者自立・挑戦プラン」である。それまで若年者雇用対策としての特別な就職支援機関はほとんど存在しなかったが、この時期を境に、若者の就職を支援するためのインフラが次々に登場した。国の施策によるものだけでも、ジョブカフェ（正式名称「若年者のためのワンストップサービスセンター」。2004 年〜）、地域若者サポートステーション（2006 年〜）、新卒応援ハローワーク（2010 年〜）、わかものハローワーク（2012 年〜）、といった多様な若年者就職支援機関が設立され、現在に至っている。例えば、地域若者サポートステーションでは、2016 年度で全国に 160 カ所の拠点があり、約 2 万 3 千人の利用登録者があり、約 1 万 4 千人の就職を実現している（うち、正社員での就職は約 4 千人）。新卒応援ハローワークは全国 57 カ所に設置されてお

2　OECD が公表している統計によると、2016 年の 15〜24 歳失業率の各国データは OECD 諸国平均で 12.9％であり、日本（5.1％）は公表されている国々の中で最も低い。次いでアイスランド（6.5％）、ドイツ（7.0％）の順となっている。リーマンショックの影響下で失業率が高かった 2010 年時点を比較しても、OECD 諸国平均が 16.8％であるのに対し、日本の同失業率は 9.2％であり、スイス（8.2％）、オランダ（8.7％）に続いて 3 番目に低かった。

り、2015年度で年間10.5万人の正社員就職を実現している。

　さて、このように、若者の就職支援に関しては、学校だけでなく各種就職支援機関の成果も目覚ましいが、現場での進路指導や就職支援の実態、さらに現場の支援者が直面する課題や対処の仕方については必ずしも統一的に整理がなされておらず、状況が明らかにはなっていない。本節では、特に次の2つの観点から問題に迫ってみたい。

　ひとつは、景気の良しあしにかかわらず、就職活動で苦戦する若者の存在である。新規学卒一括採用の慣行は、グローバル化による影響を受けつつも、いまだ日本企業の採用慣行として根強く残っており、日本企業は就業未経験の新卒者への採用意欲を高く持ち続けている。企業が未経験者を採用できるということは、求職者の経験やスキル、学業成績が重視されるのではなく、求職者がもっている潜在力（ポテンシャル）または「人間力」といった、定義のあいまいな基準が採用時に評価されることの裏返しでもある。**図表序-4**は新規大卒者を採用する際に重視するポイントについて、毎年600社以上の企業が回答した結果の上位5要素を示しているが、「コミュニケーション能力」が他を引き離して常に1位であり、次に「主体性」、「協調性」、「チャレ

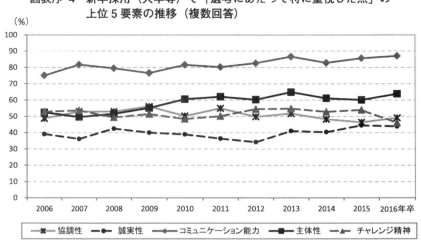

図表序-4　新卒採用（大卒等）で「選考にあたって特に重視した点」の
　　　　　上位5要素の推移（複数回答）

（日本経済団体連合会「新卒採用に関するアンケート調査」各年調査結果より）

ンジ精神」、「誠実性」といった項目が上位を占める³。これらの用語が指す意味合いは各企業で少しずつ異なるのだろうが、面接対策をする学生側にとってこれらを真正面からとらえて準備することは容易なことではない。さらに、当意即妙のコミュニケーションを苦手とするような性質をもつ学生にとって、わずか数分間の採用面接で企業の期待に沿った上記項目をアピールすることは極めて難しいと想像され、面接を突破することへの心理的ハードルは非常に高いと考えられる。このような学生・生徒に対し、就職支援側はどのような工夫と対策を行っているのか、という点を整理することは、若者の就職支援の実態の一部を解き明かすことにつながるものと考えられる。

　もうひとつは、若者本人が自分に合った職業・仕事を本当に選択できているのかという側面である。**図表序-5**は、仕事や職業生活に関する不安、悩み、

図表序-5　仕事や職業生活に関する不安、悩み、ストレスの具体的内容（複数回答）

（厚生労働省「労働者健康状況調査」（2011 年））

3　この図表には出てきていないが、「学業成績」の重視度は 2016 年調査によると「その他」を除く全 19 項目のうち最下位から 3 番目であった。

ストレスの具体的内容についての複数回答を年代別に示したものである。どの年代も「職場の人間関係」が最大の悩みで、次に仕事の質・量へと悩みが続く。一方で、20代の回答では、仕事の質・量の悩みと同程度に「仕事への適性の問題」を悩んでいる点が、他の年代と大きく異なっている。つまり、就職後に「本当にこれが自分に合った仕事なのか」と悩む若者が多いということであり、これは、入職後3年以内の離職率の高さとも符合する結果だと考えられる。このような、自分の適性や進路に悩む若者に対し、就職支援の現場はどのように向き合っているのか。本人の適性を見極めた就職支援や指導はどの程度なされているのかについて整理することは、就職支援の実態の一端を解き明かすことにつながるだろう。あるいは今後どのような支援が必要なのかについても、同様に考えてゆく必要があるだろう。

　本書では、学校から就職支援機関まで、若年者就職支援の一連の現場に通底する実態や課題について整理し、今後のキャリアガイダンスのあり方を考える上での一助とすることを目的とする。

2　本書の構成

　本書は大きく2部から構成されている。

　第Ⅰ部は「若年者への就職支援とキャリアガイダンスの実態と方法」と題し、学校現場（高校・大学等）での進路指導や就職支援、キャリアガイダンスの実態に関して、アンケート調査結果を中心に報告した2つの章で構成されている。

　第Ⅰ部第1章では「高等学校における進路指導とキャリアガイダンス」を報告する。高等学校における進路指導の現状と、生徒の適性を生かす進路指導が実現困難である実態に対し、その理由について迫る。また、学校現場で共有されている進路指導における理念を確認し、現在抱えている課題と今後の課題について整理した。本章は2017年に公表されたJILPT調査シリーズNo.167「高等学校における進路指導とキャリアガイダンスの方法に関する調査結果」に基づいて執筆されている。

　同第2章は「高等教育課程における就職支援とキャリアガイダンス」と題し、主に大学における就職課またはキャリアセンターでの就職支援の実態と

課題について報告する。2011 年度に改正・施行された「大学設置基準」と「短期大学設置基準」において、大学における職業指導（キャリアガイダンス）の制度化がスタートしたことで、大学現場での就職支援の実態も大きく様変わりした。就職支援を担う大学職員が、従来と比較したときの学生の変化や特徴について回答した結果をとりまとめた。また、近年の学生や雇用環境の変化を受けて、大学としての就職支援において重要課題と考えている点についても整理した。その中で、就職が難しい学生の実態と対応については、続く**第Ⅱ部**でヒアリング調査による深掘りを行うこととした。本章の内容は、「大学・短期大学・高等専門学校・専門学校におけるキャリアガイダンスと就職支援の方法—就職課・キャリアセンターに対する調査結果—」と題して 2014 年に公表された JILPT 調査シリーズ No.116 に基づいている。

　第Ⅱ部では「若年就職困難者に対する支援とキャリアガイダンス」と題し、就職支援において現場で難しいと感じられる若者の実態とその対応の工夫について、ヒアリング調査結果を中心に報告した 2 つの章で構成されている。

　第Ⅱ部第3章では、「大学キャリアセンターにおける支援の実態」と題して、大学就職課・キャリアセンターの支援者へのヒアリング調査を通じて、就職困難な学生の状態について、表面的な特徴、心理面での特徴等について整理した。学内の教員や他機関からの協力の実態についても詳細に整理している。この中で大学に出席しないために直接接触できない学生に対する就職支援が大きな課題であることも明らかとなってきた。本章は、2015 年に公表された「大学キャリアセンターにおける就職困難学生支援の実態—ヒアリング調査による検討—」と題する JILPT 資料シリーズ No.156 に基づいたものである。

　同第4章では、「若年者向け就職支援機関における支援の実態」と題して、新卒応援ハローワークと地域若者サポートステーションを取り上げて、支援の実態についてのヒアリング調査結果を整理した。学校での就職支援に合わなかった学生たちや、しばらく社会との接触から遠ざかってきた若者たちが就職支援を求めてこのような相談機関にたどりつく際に、どのような傾向があるのか、またどのような対策と工夫が行われているのかについて報告する。本章の内容は、「若年者就職支援機関における就職困難者支援の実態—支援

機関ヒアリング調査による検討—」と題する 2013 年公刊の JILPT 資料シリーズ No.123 に基づいている。

終章では、第Ⅰ部、第Ⅱ部から得られた成果を総合的かつ俯瞰的に取り上げ、「多様化する若年者の進路と現代に求められるキャリアガイダンスとは」と題して整理を行った。進路が多様化する若者に対し、現在の就職支援のあり方をまとめるとともに、今後何に留意すべきなのか、有効な就職支援のあり方についての提案を行う。

【引用文献】
厚生労働省（2011）.「労働者健康状況調査」
文部科学省「学校基本調査」各年版
日本経済団体連合会「新卒採用に関するアンケート調査」各年版
労働政策研究・研修機構（2013）若年者就職支援機関における就職困難者支援の実態—支援機関ヒアリング調査による検討—，JILPT 資料シリーズ No.123.
労働政策研究・研修機構（2014）大学・短期大学・高等専門学校・専門学校におけるキャリアガイダンスと就職支援の方法—就職課・キャリアセンターに対する調査結果—，JILPT 調査シリーズ No.116.
労働政策研究・研修機構（2015）大学キャリアセンターにおける就職困難学生支援の実態—ヒアリング調査による検討—，JILPT 資料シリーズ No.156.
労働政策研究・研修機構（2017）高等学校における進路指導とキャリアガイダンスの方法に関する調査結果，JILPT 調査シリーズ No.167.
総務省「労働力調査」各年版
Super, D. E. (1957). *The psychology of careers. An introduction to vocational development.* New York: Harper & Row.

第 I 部

若年者への就職支援と
キャリアガイダンスの実態と方法

高等学校における進路指導とキャリアガイダンス

室山　晴美

1 本章の目的

　高等学校における進路指導に関しては、1973年に公表された「進路指導の手引―高等学校ホームルーム担任編」において、定義について解説する記述があり、その内容は次の通りである。「進路指導は、生徒の一人ひとりが、自分の将来の生き方への関心を深め、自分の能力・適性等の発見と開発に努め、進路の世界への知見を広くかつ深いものとし、やがて自分の将来への展望をもち、進路の選択・計画をし、卒業後の生活によりよく適応し、社会的・職業的自己実現を達成していくことに必要な、生徒の自己指導能力の伸長を目指す、教師の計画的、組織的、継続的な指導・援助の過程（である）」（文部省，1973）。

　上記のような定義や解説からは、高等学校の進路指導においては、生徒が自らの個性を理解し、社会的な自己実現に向けて主体的に進路選択ができるようにすることが目標であり、教員は進路指導を通して、生徒が行う選択の実現に向けて必要な指導や支援を行うという基本的な理念を読み取ることができる。

　しかしながら、理念通りの進路指導が高等学校で実践されていたかというと、必ずしもそうであるとはいえない状況がいくつかの資料に示されている。例えば、93年の「高等学校進路指導資料　第2分冊」（文部省，1993）では、学校としての進路指導の目標やこれを実現するための指導計画が立てられていないことや、第1学年次からの計画的、継続的な進路指導が行われておらず、進路指導は、進路指導部（課）あるいは第3（4）学年の担任の教師が、3（4）年生に対して行う進路先の選定の指導、進学希望者に対しては合格可能な大学等を選定する指導、就職希望者に対しても、各学校が企業の合格難易度を定め、就職可能な企業を判定する指導となっている、という

状況が指摘されている。

　また、1990年代の初めに、大学入試センターは、「学力偏重の適性観に基づいた進学指導は、時として学力偏差値に基づくランクづけ、および生徒の振り分けにつながり、結果として、不本意入学や大学教育への不適応の助長という事態を招くことがある。近年問題となっている大学入学後の中退、留年、転科等にみられる不適応学生数の増加は、高等学校における学力偏重の適性観に立脚した進学指導のあり方にその一因があると考えられよう」という問題意識の下、全国の高等学校の進路指導担当の教員に対して進学指導の理念と方法に関するアンケート調査を実施した。その結果として、高等学校の進路指導においては、担当教員は進路指導における生徒の個性尊重の重要性は理解しているが、現実の受験を踏まえた指導においては偏差値中心の進学指導にならざるを得ないという認識をもっていることが示された（大学入試センター，1991）。

　これらの指摘は、進学先や進路の選定にあたって偏差値や学力に基づいた合格可能性が重視され、生徒自身が自らの適性を理解したり、あるいは自らの個性と進路との調和を十分に検討したり、就職先や仕事に対する十分な知識を得られるような指導が不足している場合、結果として、高等教育課程への進学後の意欲の消失や中途退学、あるいは就職後の離職という問題が生じてしまうことを危惧するものといえるだろう。

　それでは、90年代前半に行われた調査結果による上記のような指摘は、今日の進路指導においても同じようにあてはまるのだろうか。その点については、90年代から今日に至るまでの高等学校の進路指導を取り巻く環境において大きな変化があったことを踏まえ、慎重に考える必要がある。

　高等学校の進路指導をめぐる大きな変化のひとつは、18歳人口の減少と大学・短期大学への進学率の上昇である。**図表Ⅰ-1-1**に示す通り、18歳人口は1992年には205万人であったが、これをピークとして2015年には120万人にまで減少した。他方、大学・短期大学への進学者数はほぼ横ばいであり、進学率をみると1990年には36.3％であったが、2015年には56.5％に上昇している。すなわち90年代前半から近年にかけて高校生の数は大きく減少したが、高校卒業後、高等教育課程へ進学する者の割合は増えているとい

図表Ⅰ-1-1　18歳人口と大学・短大への進学者数と進学率の推移

大学・短大進学者数（万人）／18歳人口（万人）／大学・短大進学率（%）

年	18歳人口	大学・短大進学率
1989	193	36.3
1990	201	36.3
1991	204	37.7
1992	205	38.9
1993	198	40.9
1994	186	43.3
1995	177	45.2
1996	173	46.2
1997	168	47.3
1998	162	48.2
1999	155	49.1
2000	151	49.1
2001	151	48.6
2002	150	48.6
2003	146	49.0
2004	141	49.9
2005	137	51.5
2006	133	52.3
2007	130	53.7
2008	124	55.3
2009	121	56.2
2010	122	56.8
2011	120	56.7
2012	119	56.2
2013	123	55.1
2014	118	56.7
2015	120	56.5

凡例：■ 大学・短大への進学者数　■ 18歳人口　─ 大学・短大進学率

注：文部科学省「学校基本調査」より作成。

う状況があり、これには、高等教育機関の学校数が増加し、全体の入学定員が増えていること、一般入試以外の様々な入試方式の導入による入試の多様化により大学等の高等教育機関への入学が容易になったことが背景として考えられる。大学、短期大学のほかに専門学校を合わせると、高等教育機関への進学者が高等学校の卒業生全体の約8割を占めている今日、従来と比べて入試や受験をめぐる状況も変わり、それに伴って高等学校の進路指導にも何らかの変化が生じている可能性はある。

　他方、高等学校の制度や学科構成にも変化がみられた（**図表Ⅰ-1-2**）。1950年代には普通科に所属する生徒と職業学科（専門高校：農業、工業、商業、水産、家庭、看護、情報、福祉）の生徒の割合は6対4という構成であったが、90年代には普通科が約7割を超え、職業学科は2割台に減少した。さらに1994年には普通科、職業学科とは別に総合学科が制度化されるとともに専門高校とは異なる分野の学科が開設され、約1割弱の生徒が総合学科とその他の専門学科で学ぶ状況になった。全体に、総合学科およびその他の専門学科の割合はまだそれほど多くはないが、これらの新しい学科での進路指導の考え方や指導方法については、普通科の高校、専門高校との違いや比較し

図表 I-1-2　学科別の在籍生徒数の割合（%）

年	普通科	職業学科 （専門高校）	その他の 専門学科	総合学科
1955	59.8	40.1	0.1	－
1960	58.3	41.5	0.2	－
1965	59.5	40.3	0.2	－
1970	58.5	40.7	0.8	－
1975	63.0	36.3	0.7	－
1980	68.2	31.1	0.7	－
1985	72.1	27.1	0.8	－
1990	74.1	24.9	1.0	－
1995	74.2	23.8	1.9	0.1
2000	73.3	22.5	2.5	1.7
2002	72.9	22.1	2.7	2.3
2004	72.8	21.2	2.8	3.2
2006	72.3	20.5	3.0	4.2
2008	72.3	19.9	3.1	4.7
2010	72.3	19.5	3.1	5.1
2012	72.4	19.2	3.1	5.2
2014	72.6	18.9	3.2	5.3
2016	72.9	18.5	3.2	5.4

注：文部科学省「学校基本統計（学校基本調査報告書）」より

たときの特徴も踏まえてみていく必要があるだろう。

　さらに、2000 年代前半にかけて行われたキャリア教育の推進についても、進路指導の考え方や方向性、あるいは生徒への影響に関して検討する必要がある。「キャリア教育」という用語は、1999 年の中央教育審議会答申「初等中等教育と高等教育との接続の改善について」の中で用いられた。その定義によれば、キャリア教育は「望ましい職業観・勤労観及び職業に関する知識や技術を身につけるとともに、自己の個性を理解し主体的に進路を選択する能力、態度を育てる教育」であり、小学校の段階から発達段階に応じて実施する必要があること、その実施にあたっては家庭・地域と連携し、体系的な学習を重視すること、学校ごとに目標を設定し、教育課程に位置づけて計画的に行う必要があるとされている（中央教育審議会，1999）。

　この定義に従えば、キャリア教育は教育課程の中に位置づけられ、授業科目として履修されるものなので、進路指導やキャリアガイダンスとは教育課

程上の位置づけは異なる。ただ、生徒に対して、将来に向けた進路選択への意識づけや仕事、職業への理解、自分の個性を理解し主体的に進路を選択したりすることができる能力や態度を育成する方向での働きかけを行うという教育の趣旨からみると、進路指導やキャリアガイダンスが目指している方向とも共通する部分がある。したがって、キャリア教育の推進は、高等学校における進路指導やキャリアガイダンスに関する理念や方法に関する学校全体のとらえ方や教員の意識に対して影響している可能性もあるだろう。

　以上のような様々な変化を踏まえた上で、本章では、高等学校における進路指導とキャリアガイダンスに関する教師の考え方や、学校で行われている指導方法について実情と課題を明らかにすることを目的とする。

　その際の検討課題としては、次の3つを考えたい。第一は、90年代前半の調査で指摘されていたように、高等学校における現在の進路指導も依然として、偏差値を重視する指導が中心なのか、それとも個性を尊重する指導に、よりシフトしているのかという点である。社会的な状況の変化、教育をめぐる政策の影響により現場の教員の進路指導の理念や指導方法に影響がみられるかを検討する。

　第二は、現在の高等学校の進路指導において、現場が課題として考えていることを明らかにすることである。90年代には受験競争が生徒の心身に与える影響が問題視されていたが、前述の通り、社会的な状況や教育政策の面でも様々な変化があった。それを踏まえて、現在の高等学校における進路指導の現場が課題として感じている点について明らかにしたい。

　そして第三は、上記のような進路指導の方法、理念、抱えている課題に関する高等学校の学校種による違いである。普通科中心の高校、総合学科中心の高校、専門高校では卒業後の生徒の進路が異なるので、進路指導の方針や認識されている問題等にも違いがあると考えられる。これらの点に関して、高等学校の学校種によりどのような違いがあるのかを検討する。

　本章での検討にあたっては、2017年に公刊された労働政策研究・研修機構の「高等学校における進路指導とキャリアガイダンスの方法に関する調査結果」（JILPT調査シリーズ，No.167, 2017）で示されたデータを参照する。最初に調査方法の概要を述べた上で、調査結果を紹介しながら進路指導の現状

や課題について検討したい[1]。

2　調査方法の概要

(1)　調査方式と対象校・回収率

　この調査は、2015 年 12 月中旬から 2016 年 1 月末にかけて全国の全日制高等学校の進路指導担当の教員を対象として実施された。調査票の配付は郵送で実施したが、返信は郵送と WEB での回答入力のどちらでも可とした。

　調査票の送付総数 4,924 校のうち全日制高等学校は 4,821 校で、これ以外に専門学校・専修学校が 103 校含まれていた。4,924 校のうち 1,996 校から回答を得たので、全送付数に対する回収率は 40.5%となった。内訳は全日制高等学校が 1,956 校、専門学校・専修学校が 40 校である。全日制高等学校と専門学校・専修学校では進路指導の方向性が異なる可能性があるので、本章での分析は全日制高等学校 1,956 校に限定して行った。

(2)　設問内容

　調査票は 10 分野の設問で構成されている。すなわち、①回答校、回答者の属性、②学校の進路指導・キャリアガイダンスの実態、③生徒の進路決定のプロセス、④大学・短大等への進学指導、⑤学歴および学校歴の考え方、⑥進学や就職先の選定に関する偏差値の考え方、⑦進路指導における生徒の「適性」の把握とその方法、⑧適性検査・キャリアガイダンスツールの利用、⑨高等学校での現在の進路指導の理念と課題、⑩進路指導に関する教員研修である。

　なお、設問の作成にあたっては、大学入試センターで実施された調査（以下、センター調査とする）と本調査の結果との比較を考え、設問の問いと選択肢を同一にした項目も用意した。センター調査と本調査では対象校が違うため、厳密な意味での比較はできないが、参考として、同一項目で回答して

1　本稿で取り上げる変数のほかに、進路指導の方針に大きく影響する変数として、高等教育課程への進学率がある。大学入試センターの報告書 (1991) および JILPT 調査シリーズ (2017) では、進学率によるクロス集計等もいくつかの項目で行われている。

もらった設問についてはセンター調査の回答結果も載せている[2]。

3　進路指導の現状

　進路指導の現状をとらえる問いとして、いくつかの設問が用意されている
が、ここでは、個性を生かす進路指導に対する認識にかかわる設問、個性把
握のための具体的な方法としての適性評価に関する設問、偏差値中心の進路
指導に対する認識にかかわる設問への回答をみていきたい。

(1) 個性を生かす進路指導に対する認識

　まずは、進路指導の理念にあるように、生徒の個性を尊重し、生徒が行う
進路決定を支援する形での指導に関する教員の認識を検討する。

　調査では、進路指導担当教員が生徒の個性を生かす進路指導をどのように
考えているかを調べるため、①生徒の進路を考える上での適性重視の必要性、
②自己理解の徹底に関する指導状況、③生徒の適性を生かす適切な指導の実
践、④本人の志望と教師からみた生徒の適性が離れている場合の指導に関す
る項目を用意し、4件法で回答してもらった。各評価の選択率を**図表Ⅰ-1-3**
に示す。なお、この項目はセンター調査での調査項目と同一にしているため、
図表Ⅰ-1-3にはセンター調査での学校の選択割合を参考として示している。

　本調査での選択傾向をみると、「①生徒の進路を考える上での適性重視の
必要性」については、「おおいに必要である」と「ある程度必要である」がそ
れぞれ4～5割で、適性を重視する進路指導の必要性の認識は回答者のほと
んどが有しているとみることができる。他方、具体的な指導や実践の状況を
みてみると、「②自己理解の徹底に関する指導状況」および「③生徒の適性
を生かす適切な進路指導の実践状況」という2つの項目への回答は、最も強

　2　調査シリーズ（労働政策研究・研修機構，2017）では、センター調査の回答校と本調査の
　　回答校の属性を比較検討しており、設置者、所在地別にみた回答校の割合については大きな
　　違いがみられないことが確認されている。なお、進学率に関しては、本調査の回答校の四年
　　制大学および短期大学への進学率は、20％未満が24.9％、20～40％未満が17.6％、40～60％
　　未満が15.4％、60～80％未満が23.5％、80％以上が18.6％であり、20％未満、20～40％未満、
　　80％以上の回答校の割合はセンター調査の方で本調査より若干多かった。他方、進学率が
　　40～60％未満および60～80％未満では、本調査の回答校の割合がセンター調査より若干多
　　かった。

図表Ⅰ-1-3　生徒の個性を生かす進路指導への認識と実践
（数字は回答数に占める割合：％）

		おおいに必要である	ある程度必要である	あまり必要ではない	必要ではない
①生徒の進路を考える上での	本調査　n=1944	43.9	55.1	0.8	0.2
適性重視の必要性	センター調査（参考）	60.3	39.0	0.6	0.1

		十分に指導している	ある程度指導している	あまり指導していない	全く指導していない
②自己理解の徹底に関する指	本調査　n=1944	6.3	77.1	16.3	0.4
導状況	センター調査（参考）	8.0	70.3	21.4	0.3

		実践されている	どちらかといえば実践されている	どちらかといえば実践されていない	実践されていない
③生徒の適性を生かす適切な	本調査　n=1943	8.1	71.4	19.9	0.6
進路指導の実践状況	センター調査（参考）	7.0	61.7	29.3	2.0

		適性に沿った選択を行うよう強く説得する	適性に沿った選択も考えるよう忠告する	本人の志望に沿った選択を認める	特に指導しない
④本人の志望と教師からみた生徒	本調査　n=1943	2.4	85.5	11.7	0.4
の適性が離れている場合の指導	センター調査（参考）	5.1	85.1	8.9	0.9

※本調査のnは対象校1,956校から欠損値を除いて算出。

い肯定の「十分に指導している」と「実践されている」を選択した回答者は
それぞれ約1割であるが、「ある程度指導している」、「どちらかといえば実
践されている」とした回答者はそれぞれ7割を超えており、肯定の方向での
回答の選択率の合計からみると、8割程度の者は自己理解の徹底や適性を生
かす進路指導を実践していると回答している。さらに、「④本人の志望と教
師からみた生徒の適性が離れている場合の指導」については、「適性に沿っ
た選択も考えるよう忠告する」が最も多く8割を超えていた。以上のような
回答結果からは、進路指導において生徒の適性を考慮することの必要性につ
いて否定するような考えの回答者は少数であるし、適性を生かす進路指導の
実践についても、実践の程度の認識に多少の違いはあるとはいえ、多くの者
が肯定的に回答していることが示された。

　なお、本調査と1991年の大学入試センター調査の選択率をみてみると、
どの項目でも回答傾向に大きな違いはなかった。ただ、「①生徒の進路を考
える上での適性重視の必要性」については、「おおいに必要である」が本調
査では約4割であるのに対して、センター調査では6割を超えており、適性
重視の進路指導の必要性の認識が本調査の方で若干弱くなっている傾向もみ
られた。

(2) 適性把握の方法

　進路指導において生徒の適性を理解し、進路指導に生かすことの必要性は理解され、ある程度は実践されていると認識している進路指導担当者が多いことはわかったが、それでは、生徒の適性把握の方法あるいは適性を生かした具体的な指導はどのように行われているのだろうか。調査の設問の中から、進路指導における生徒の適性把握の方法に関して尋ねているものと、適性評価の方法について尋ねた設問に対する回答結果をみていく。

① 適性把握の方法

　生徒の適性を把握する方法について5つの選択肢を用意し、選んでもらった回答結果を**図表Ⅰ-1-4**に示す。実施しているものをいくつでも選べるようにしたところ、「生徒との面接」、「担任による観察」の選択率が高く、9割以上の者がこの方法を選択した。次に多かったのは「調査（アンケート）」で6割程度、その次が「進路適性検査」の実施で、約半数が選択した。センター調査での選択率と比べると、「生徒との面接」、「担任による観察」、「進路適性検査」において本調査の方で選択率が高くなっていた。センター調査時点では「生徒との面接」が中心であったが、近年は面接の実施に加えて、観察や検査類の活用などの割合が上がり、適性評価の方法に広がりがみられる傾向がうかがえる。

図表Ⅰ-1-4　生徒の適性把握の方法（数字は回答数に占める割合：%）

選択肢（複数回答可）	本調査(%) n=1945	センター調査 (%) 参考
生徒との面接	96.5	83.9
担任による観察	90.1	69.1
調査（アンケート）	64.1	64.2
進路適性検査（性格検査、興味検査、能力検査など）	51.6	34.3
特に把握するための方法をとっていない	1.4	1.8

※本調査：本調査のnは対象校1,956校から欠損値を除いて算出。

② 適性検査やキャリアガイダンスツールの利用、活用状況

　次に、適性検査やキャリアガイダンスツール（以下、ツール）の利用、活用に関する設問への回答をみてみると、生徒に対する進路指導のため

図表 I -1-5　利用されている検査やツールの種類とそれぞれの実施担当者数（件）

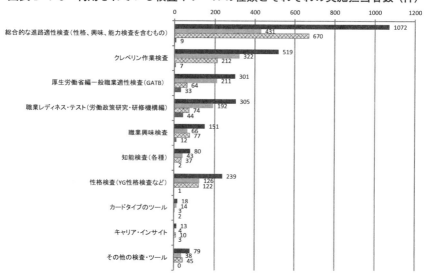

■利用総数　■教員　▨業者　■安定所職員

※実施担当者は複数選択もあるため、利用総数と各担当者の実施数の合計は必ずしも一致しない。

に、進路適性検査やツールを「利用している」と回答した学校は 1,394 件（71.6％）、「利用していない」と回答した学校は 554 件（28.4％）となった。生徒の適性把握の方法としての進路適性検査の実施は 5 割程度の選択率であったが、適性検査やツールを実施している学校はそれよりも多く 7 割程度であることがわかった[3]。

　なお、利用している検査の種類と実施の担当者を聞いた結果を集計したものが図表 I -1-5 である。複数の検査やツールの選択肢を挙げ、利用しているかどうかと、利用している場合には誰が実施しているかを複数選択可で聞いたものである。これをみると「総合的な進路適性検査」の実施件数が最も多く（1,072 件）、続いてクレペリン作業検査（519 件）、職業レディ

3　センター調査の方では、「利用しているか」という聞き方ではなく、「実施しているか」という問いになっていたので直接的な比較は難しいが、参考までに割合をみると、「実施している」は 66.9％、「実施していない」は 33.1％であった。本調査の結果との実施傾向はあまり変わらず、以前も今も約 7 割の学校が適性検査やキャリアガイダンスツールを利用あるいは実施しているとみることができる。

ネス・テスト（305件）、厚生労働省編一般職業適性検査（GATB）（301件）、性格検査（YG 性格検査など）（239件）等となった。実施者をみると、検査によって教員自身が中心となり実施しているものと、業者によって実施されている割合の高い検査があることがわかる。利用件数が最も多かった総合的な進路適性検査は、教員も実施しているが、それを上回り、業者による実施が多い。クレペリン作業検査、性格検査では教員による実施の方が若干多めであるが、業者による実施も多い。それに対して、当機構で開発している職業レディネス・テストと厚生労働省編一般職業適性検査（GATB）は、業者による実施は比較的少なく、教員による実施が多かった。また、これらについては安定所職員による実施が他の検査より多くなっている。この2つの検査は、高等学校卒業後に就職を希望する生徒に対して活用できる検査として、安定所を通して希望校に無償で配付されていることから、結果にもそのような条件が反映されていると考えられる。

　このように検査やツールの利用状況をみると、回答校全体の約7割が検査やツールを利用しているようだが、結果はどの程度活用されているのだろうか。検査やツールを利用していると回答した学校のみを対象として、進路学習や進路相談での検査やツールの結果の利用度、役立ち度、教員自身による検査やツールの利用と説明状況を聞いた（**図表 I -1-6**）。

　「①進路学習や進路相談での利用度」については、「おおいに利用」と「ある程度利用」を合わせて約7割程度の選択があった。「②役立ち度」をみると、「役立てられている」と「どちらかといえば役立てられている」を

図表 I -1-6　進路学習や進路相談でも検査やツールの利用度と役立ち度（%）

		おおいに利用している	ある程度利用している	あまり利用していない	全く利用していない
①進路学習や進路相談での利用度（%）	本調査	4.8	68.4	26.5	0.3
	センター調査（参考）	3.7	62.4	30.3	3.5

		役立てられている	どちらかといえば役立てられている	どちらかといえば役立てられていない	役立てられていない
②進路学習や進路相談での役立ち度（%）	本調査	5.6	56.5	36.5	1.5

		よく行っている	ある程度行っている	あまり行っていない	行っていない
③教員自身の検査やツールの利用と説明	本調査	3.0	28.9	57.5	10.6

合わせて6割程度となり、利用度よりも役立ち度の肯定の割合が若干低くなっており、役立ち度については、否定的な傾向の回答も4割程度みられた。さらに、教員自身が検査やツールの利用や説明をどの程度行っているかを尋ねた「③教員自身の検査やツールの利用と説明」については、「あまり行っていない」と「行っていない」の合計が7割近くを占め、「よく行っている」と「ある程度行っている」を上回った。高等学校で実施されている検査で一番多かったのが総合的な進路適性検査であり、業者による実施が多かったことから、適性評価のひとつの方法として検査やツールは使われていても、実際には業者による実施であり、進路指導において利用したり説明したりできる教員はツールを用いている学校のうちの約3割程度となっていて、それほど多いとはいえない状況である。

　このような結果を考えてみると、現在の進路指導においては、生徒の個性尊重の進路指導は大事であると認識され、面接、観察、検査やツールなどによって生徒の個性を把握するような努力はなされているが、特に検査やツールに関しては、一部のものを除き、業者による実施も多く、教員自身が進路学習または進路相談で検査やツールを実施したり説明したりして積極的に使いこなしている状況にはなっていないことが推察される。

(3) 偏差値、学力重視の進路指導について

　次に、偏差値、学力重視の進路指導についての教員の認識をみていきたい。調査ではこの点に関連して複数の設問を用意したが、ここでは4つの設問に対する回答結果を紹介する。第一は、教科指導の中で受験指導は必要であるかどうか、第二は模試等の偏差値を基準とした進学指導、就職指導の必要性をどの程度感じるか、第三は生徒に対する進学指導、就職指導の際に業者テストによる模擬試験等の偏差値をどの程度重視するか、第四は「合格可能性」の少ない進学先、就職先だけを受験しようとしている生徒に対してどのように指導するか、である。第一から第三まではそれぞれ4件法で回答してもらい、第四の設問については4つの選択肢を用意し、そのうちの1つを選択してもらった。それぞれの選択率を**図表I-1-7**に示す。なお、これらの問いについては、センター調査でも同じ聞き方で回答が得られているため、セン

図表 I-1-7　偏差値を基準とした進学指導、就職指導への認識と実践
（数字は回答数に占める割合：%）

		そう思う	どちらかといえ ばそう思う	どちらかといえ ばそう思わない	そう思わない
①教科指導の中で受験指導は 必要である	本調査　n=1943	61.6	27.7	8.6	2.1
	センター調査（参考）	46.6	39.3	10.8	3.3

		必要である	どちらかといえ ば必要である	どちらかといえ ば必要でない	必要でな い
②模試等の偏差値を基準とし た進学・就職指導の必要性	本調査　n=1938	28.8	60.5	9.1	1.5
	センター調査（参考）	8.5	66.7	20.7	4.1

		おおいに重視す る	やや重視する	あまり重視し ない	重視しな い
③模擬試験等の偏差値の重視 度	本調査　n=1936	34.8	51.0	11.2	2.9
	センター調査（参考）	31.0	58.5	9.2	1.3

		他の進学先、 就職先を勧める （安全第一）	第一志望の進学先、 就職先の他に合格 可能性の高い候補 を受けさせる	生徒や保護者 の希望に任せ る	特に指導 しない
④「合格可能性」の少ない進学 先、就職先だけを受験しよう としている生徒に対する指導	本調査　n=1939	5.6	78.1	15.8	0.6
	センター調査（参考）	6.4	81.5	11.5	0.5

※本調査の n は対象校 1,956 校から欠損値を除いて算出。

ター調査での選択率も参考として示した。

　「①教科指導の中で受験指導は必要である」という記述には、本調査にお
いて「そう思う」が約 6 割であり、「どちらかといえばそう思う」（約 3 割）
と合わせると約 9 割が肯定的な回答をした。また、「②模試等の偏差値を基
準とした進学・就職指導の必要性」については「必要である」という回答が
約 3 割、「どちらかといえば必要である」という回答が約 6 割となり、合計
すると肯定的な回答が約 9 割となっている。さらに「③模擬試験等の偏差値
の重視度」については「おおいに重視する」が約 3 割、「やや重視する」が
5 割となり、合わせて 8 割程度が肯定的な回答をした。そして「④『合格可
能性』の少ない進学先、就職先だけを受験しようとしている生徒に対する指
導」としては、「生徒や保護者の希望に任せる」とか「特に指導しない」と
いう選択肢よりは、合格可能性を重視する指導への肯定が約 8 割と多くなっ
ている。

　また、「①教科指導の中で受験指導は必要である」や「②模試等の偏差値
を基準とした進学・就職指導の必要性」については、本調査での回答はセン

ター調査での選択割合と比べて肯定的な傾向が強くなっていることも示唆されている。例えば①については「そう思う」の割合は本調査では 61.6％であるのに対し、センター調査では 46.6％であった。また、②については、「必要である」の割合は本調査では 28.8％、センター調査では 8.5％であり、「どちらかといえば必要である」の割合と合わせると、本調査では肯定の割合が 89.3％であるのに対して、センター調査での肯定は 75.2％になっている。

　90 年代前半に実施されたセンター調査は、高等学校の進学指導が偏差値重視の受験指導に偏っているという問題意識から実施されたものであるが、本調査の回答結果をみると、入試制度の多様化や少子化により以前に比べて大学進学が容易になっている今日であっても、進路指導に関して模試等の偏差値を重視して行う指導を肯定し、必要性を認める教員が大多数であることが示されている。

４　生徒の適性を生かす進路指導が実現困難である理由

　ここまでの結果から、生徒の適性を生かす進路指導の理念の重要性は理解されていても、実際には適性を生かした進路指導については具体的な実践が難しく、模試によって得られる学力偏差値を重視した指導にならざるを得ないという現状がみえてきた。そしてこの傾向は、90 年代前半と大きく変わっておらず、学力や偏差値重視の傾向はむしろ強まっているようにもみることができる。そこで、本節では、なぜ高等学校の進路指導において、生徒の適性を生かす指導の実現が難しいのかという点を考えてみたい。

　理由については様々なものが挙げられると思うが、調査票には "生徒の適性を生かす適切な進路指導の実現が困難である理由" を直接尋ねる設問が用意されている。初めにこの問いに対する回答結果をみていきたい。

(1) 生徒の適性を生かす適切な進路指導の実現が困難である理由の認識

　"困難である理由" として用意した項目は、「①適性というよりも学力で進路が左右されるのが現実だから」、「②時間的にも物理的にも生徒一人一人の適性を十分把握できないから」、「③適性そのものが何であるか捉えにくいから」、「④適性がつかめたとしても、適性に応じてどう指導すればよいかわか

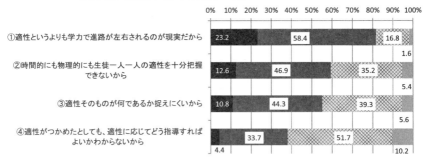

図表 I-1-8　生徒の適性を生かす適切な進路指導の実現が困難である理由の評価
　　　　　　（数字は回答数に占める割合：％）

らないから」の４つである。各項目ごとに、「そう思う」～「そう思わない」
までの４件法で回答してもらった結果を**図表 I-1-8**に示す。

　肯定的な回答が最も多かったのは「①適性というよりも学力で進路が左右
されるのが現実だから」という「学力」の影響の大きさを理由とするもので
あり、「そう思う」と「ややそう思う」を合計して８割程度の選択があった。
次が、「②時間的にも物理的にも生徒一人一人の適性を十分把握できないか
ら」、「③適性そのものが何であるか捉えにくいから」という理由で、これら
に対する肯定的な回答は５～６割となった。「④適性がつかめたとしても、適
性に応じてどう指導すればよいかわからないから」という項目については、
他の３つと比べて肯定が少なく、４割弱であった。

　この問いは、センター調査では評定方式ではなく、上記の４項目に「その
他」を加えた５項目を用意し、あてはまるものすべてを選んでもらっている
ので、選択率による本調査の結果との直接的な比較はできない。ただ、セン
ター調査の方で選択率が高かった項目を上から順にみると、「①適性という
よりも学力で進路が左右されるのが現実だから」（80.7％）、「②時間的にも物
理的にも生徒一人一人の適性を十分把握できないから」（50.3％）、「③適性そ
のものが何であるか捉えにくいから」（36.4％）、「④適性がつかめたとしても、
適性に応じてどう指導すればよいかわからないから」（9.4％）となっていた。
センター調査で選択率の高かった項目の順位は、本調査の「そう思う」と「や

やそう思う」を合計した選択率の順位と一致した。

　これらを踏まえて考えてみると、適性を重視した指導の実現が困難である
理由について、4つの項目の中でみた場合、適性よりも学力で実際の進路が
左右されるということが、最も大きな要因であるといえそうだ。

　さらに、回答者の約半数に選択されていた「②時間的にも物理的にも生徒
一人一人の適性を十分把握できないから」という理由は、学校の進路指導の
現状において生徒の適性を十分に把握するための時間や方法に限界があると
いうことを意味しており、その背景には教員の忙しさや進路指導にかけられ
る時間面での問題があると推察される。また、4割弱の選択があった「③適
性そのものが何であるか捉えにくいから」という理由の背景には、適性につ
いての認識や適性に応じた指導についての知識、スキル不足の問題が関連す
ると考えられる。"適性を重視した指導が難しいのは、現実の進路が学力で
左右されるため"とする意見が大きな割合を占めているとはいえ、高等学校
における教員の状況等、進路指導に関する体制面の課題についても検討する
必要があるだろう。これらの点については、本章において後述する「進路指
導における課題」のところで、具体的な回答結果を踏まえて再度、検討して
みたい。

(2) 進路指導における「適性」の認識

　進路指導において適性を重視した指導の実現が困難である理由に関する設
問への回答結果によれば、前述の通り、生徒の進路決定において「学力」が
大きな意味をもつと考えている教員が多いことが示されたが、「適性」の本
来の定義には「興味」や「関心」のほかに、「学力」のような能力面の特徴も
含まれる。その点について、教員はどのような認識をもっているのだろうか。

　センター調査の報告書では、「適性には能力とパーソナリティという2つ
の要素が含まれる[4]」とした上で、「高等学校の進学指導はどちらかといえば
能力中心の適性観、より狭義には能力面のうちの『学力』に偏重している傾
向がある」と述べられている。そしてこのような学力偏重の適性観に基づい

4　報告書においては、適性の概念として Super,D.E. による適性の定義が引用されている。
Super,D.E. の定義は、日本職業指導協会（1969）、柳井（1975）等に紹介されている。

て行われる進学指導の問題点が指摘されている（大学入試センター，1991）。

　この指摘に従えば、まず確認すべきこととして考えられるのは、「適性」という概念を教員がどのようにとらえているかということである。この点について調査結果をみてみよう。

　調査では学力、得意教科科目等の10項目を用意し、それぞれについて「適性」という概念に含まれると思うかどうかを各4段階で評価してもらった。この設問はセンター調査でも同様に用意されているので、2つの回答結果を**図表Ⅰ-1-9**に示した。このグラフは「含まれる」の選択率が高い順に項目を並べ替えている。

図表Ⅰ-1-9　各概念が「適性」という概念に含まれるかどうかの評価
（数字は回答数に占める割合：%）

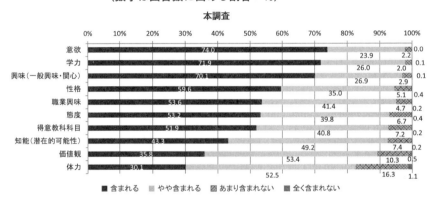

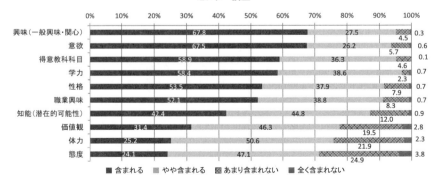

　「含まれる」が多かったのは、本調査では、「意欲」、「学力」、「興味（一般興味・関心）」でこれらはすべて 7 割以上の選択率となった。その後は、「性格」、「職業興味」、「態度」、「得意教科科目」が 5 割台となった。他方、センター調査では、「興味（一般興味・関心）」、「意欲」の 2 つが高く 7 割弱、続いて「得意教科科目」、「学力」が 6 割弱であった。本調査においては「意欲」の選択率が以前よりも高くなり、「学力」についてもセンター調査時点よりも本調査での選択率が高くなっている。「興味（一般興味・関心）」は 7 割台で同程度の選択率はあるため、必ずしも「学力」に偏重した「適性」の認識ということではないが、以前に比べて「学力」を「適性」に含まれると考える傾向がみられるようである。

　また、興味深いのは、センター調査において 3 番目に高かった「得意教科科目」が本調査では 10 項目中 7 位までに相対的に順位を下げている点である。「得意教科科目」は生徒にとっては得意とする能力が発揮される具体的な要素であるが、そういった観点での評価が以前よりも低くなっている点は、本来の「適性」の定義でとらえられている「能力」の要素への評価の低下とみることもできる。得意な分野での能力が注目されず、学力一般での評価が進路指導において「適性」の一部として理解されているとすれば、進路指導が学力偏差値に偏ってしまう可能性も高くなると考えられる。

　実際の進路指導を行う際には、生徒の「適性」の概念に対する回答にみられたように、「学力」は生徒の適性として考えられる特性のひとつに含まれると考える教員は多いが、実際の進路指導の方向性を決める上では、「学力」の水準が重視され、「学力」以外の様々な適性の要素の重みが相対的に低くなっていることが推察される。

(3) 学歴、学校歴に対する認識

　他方、学力重視の進路指導や受験指導が重視され、必要とされている背景には、学歴社会、学校歴社会に対する認識の影響も考えられる。すなわち、偏差値の高い有名大学に入学することがそうでない人よりも優位なキャリアを築くことにつながり、ひいては将来の職業生活や社会生活において成功することができるという考え方への同調の程度が、学力や偏差値重視の指導に

		そう思う	どちらかといえ ばそう思う	どちらかといえ ばそう思わない	そう思わ ない
現在の日本の社会は学歴社会だ	本調査 (n=1942)	27.1	63.3	8.8	0.8
	センター調査	61.1	37.5	1.0	0.5
日本の社会は、学校歴（＝どこの大 学・短大を卒業したか）社会である	本調査 (n=1943)	20.2	62.3	16.2	1.2
	センター調査	42.0	52.8	4.7	0.5
大学への進学率の高い学校が、すな わち「良い」高等学校である	本調査 (n=1945)	4.1	30.3	43.2	22.3
	センター調査	5.6	39.9	24.2	30.3
偏差値の高い有名大学に進学するこ とが、生徒の将来における職業生活、 社会生活を有利に導く	本調査 (n=1940)	16.9	57.6	18.4	7.2
	センター調査	14.8	53.9	17.4	13.9

影響しているという可能性である。この点については、センター調査におい
ても想定されており、関連する設問が用意されていた。そこで、本調査にお
いても同じ設問を用いて学歴社会、学校歴社会に対する教員の認識が尋ねら
れている。

　用意された設問は、「現在の日本の社会は学歴社会だ」、「日本の社会は学
校歴（＝どこの大学・短大を卒業したか）社会である」、「大学への進学率の
高い学校がすなわち『良い』高等学校である」、「偏差値の高い有名大学に進
学することが、生徒の将来における職業生活、社会生活を有利に導く」であ
る。それぞれについて「そう思う」〜「そう思わない」までの４件法で回答
してもらっているが、一番最後の設問については、「先生ご自身のお考え」、
「（先生が判断している）一般の先生のお考え」、「（先生が判断している）生
徒の考え」、「（先生が判断している）保護者の考え」という４つの立場から
評価してもらった。図表Ⅰ-1-10にそれぞれの選択率を示すが、最後の設問
では「先生ご自身のお考え」としての結果を示している。

　図表Ⅰ-1-10をみると、現在の日本の社会を学歴社会、学校歴社会とみる
認識は「そう思う」と「どちらかといえばそう思う」を合計すると8〜9割
であり、否定よりは肯定傾向が強いことが示されている。ただ、参考として
センター調査との比較をしてみると、「そう思う」の割合は本調査において
減少しており、弱い肯定が増え、「どちらかといえばそう思わない」も若干
増えている傾向がある。「大学への進学率の高い学校が、すなわち『良い』高
等学校である」という考えに同調する割合は、センター調査のときよりも「ど

ちらかといえばそう思わない」がかなり増え、否定傾向が高くなっている。

　最後に「偏差値の高い有名大学への進学が、生徒の将来の職業生活や社会生活を有利に導く」という考え方については、「そう思う」と「どちらかといえばそう思う」を合計した割合が74.5％で7割程度の肯定となった。センター調査では、肯定は68.7％であったので、他の3項目と比較すると回答傾向が異なり、肯定傾向が若干強くなっていることがわかる。

　以上のことから考えてみると、日本の社会を学歴社会、学校歴社会と考える傾向は弱まっているし、大学への進学率が高等学校の良しあしを決めるというような考え方についても否定的な傾向は強くなっているものの、偏差値の高い有名大学への進学が、生徒の将来の職業生活や社会生活を有利に導くという考えは依然として肯定的にとらえられており、このような認識が偏差値や学力を中心とした進路指導に結びついている可能性も否定できないといえよう。

（4）学校種による違い

　高等学校の進路指導において、生徒の適性を生かす指導の実現が難しい理由として、様々な条件を検討したが、最後に学校種による違いをみておきたい。専門高校のように高等学校への入学時点で、卒業後の進路がある程度方向付けられている場合と、普通科高校のように卒業後の進路や専門性が特に決まっておらず、入学してから進路を考えていく必要がある場合では、進路指導の方法が違っていることが考えられる。

　そこで、回答校の学校種のタイプによる進路指導の認識や方法の違いを検討することとした。図表Ⅰ-1-11は学校のタイプを尋ねる項目から回答校のそれぞれの度数を算出した結果であるが、学校種を分ける際にはこの結果を

図表Ⅰ-1-11　学校のタイプ別による回答校の内訳と割合

学校のタイプ	普通科単独校	普通科中心で学科併設校	総合学科単独校（移行中を含む）	総合学科併設校	工業を中心とする高校	商業を中心とする高校	家政を中心とする高校	農業を中心とする高校	その他	計
度数	1040	354	104	26	153	91	3	67	115	1953
割合（%）	53.3	18.1	5.3	1.3	7.8	4.7	0.2	3.4	5.9	100.0

注：欠損値3件

用いて３つの学校種グループを作成した。一つ目は普通科単独校および普通科中心で学科併設校（1,394 校）、二つ目は総合学科単独校および総合学科併設校（130 校）、三つ目は専門高校（工業、商業、家政、農業を中心とする高校：314 校）である[5]。以下、便宜的に第１グループを"普通科"、第２グループを"総合学科"、第３グループを"専門学科"と呼ぶ。

　まずは、生徒の個性を生かす進路指導への認識と実践に関する設問を学校種グループ別に集計した結果を示す。**図表Ⅰ-1-12 は図表Ⅰ-1-3 と同じ設問**について、学校種グループ別に集計している。

　「①生徒の進路を考える上での適性重視の必要性」については、「おおいに必要である」の割合は専門学科で最も高く５割弱の選択があり、普通科、総合学科の順となった。ただ、「ある程度必要である」を合わせるとどの学校種でも９割以上の選択があり、違いはみられない。「②自己理解の徹底に関する指導状況」、「③生徒の適性を生かす適切な進路指導の実践状況」についても、肯定的な回答２つを合計すると、専門学科の割合が若干高い傾向はあるものの、学校種によって大きな違いはなく、「④本人の志望と教師からみた生徒の適性が離れている場合の指導」についても学校種による大きな違いはみられなかった。

　次に、偏差値を基準とした進学指導、就職指導への認識と実践に関する設問について、学校種別に集計を行ったものを**図表Ⅰ-1-13** に示す。これは**図表Ⅰ-1-7** の結果を学校種によって再集計した結果である。

　図表Ⅰ-1-13 をみると、適性に関する設問と比べて学校種による回答の違いが大きく表れている。「①教科指導の中で受験指導は必要である」という考えについて、「そう思う」の割合は、普通科で最も多く７割の選択があり、総合学科が５割、専門学科が３割となった。「どちらかといえばそう思う」の割合を合わせても、普通科が最も多く、総合学科、専門学科の順になっている。「②模試等の偏差値を基準とした進学・就職指導の必要性」についても、「必要である」の割合は普通科で最も多く、総合学科、専門学科の順となり、「どちらかといえば必要である」を合わせると、普通科と総合学科が

5　学校タイプを分ける際には、「その他」と回答した学校は具体的な特徴が不明であるため、普通科、総合学科、専門学科のいずれのタイプにも含めなかった。

図表Ⅰ-1-12　学校種グループ別による生徒の個性を生かす進路指導への認識と実践

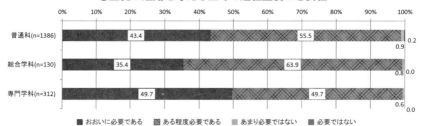

①生徒の進路を考える上での適性重視の必要性

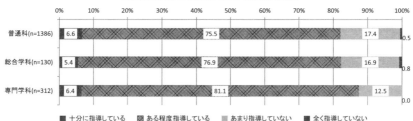

②自己理解の徹底に関する指導状況

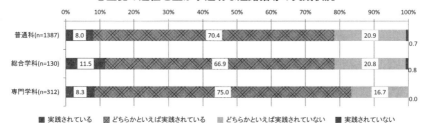

③生徒の適性を生かす適切な進路指導の実践状況

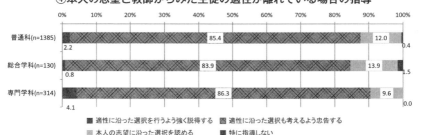

④本人の志望と教師からみた生徒の適性が離れている場合の指導

※各学科のnは学科別対象校数から欠損値を除いて算出。

図表Ⅰ-1-13　学校種グループ別による偏差値を基準とした進学指導、就職指導への認識と実践

①教科指導の中で受験指導は必要である

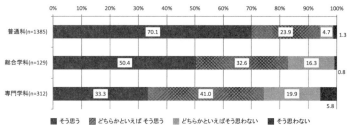

②模試等の偏差値を基準とした進学・就職指導の必要性

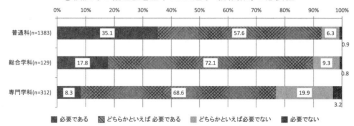

③模擬試験等の偏差値の重視度

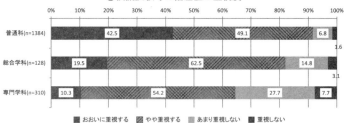

④「合格可能性」の少ない進学先、就職先だけを受験しようとしている生徒に対する指導

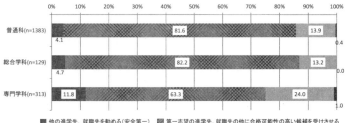

※各学科の n は学科別対象校数から欠損値を除いて算出。

9 割程度の選択率で、専門学科はそれより低く 8 割弱となった。「③模擬試験等の偏差値の重視度」については、普通科の肯定割合が高く、「おおいに重視する」が 4 割程度、「やや重視する」を合わせると 9 割の選択があった。他方、総合学科は「おおいに重視する」が約 2 割、「やや重視する」と合わせて 8 割程度の選択率であった。それに対して専門学科は「おおいに重視する」は 1 割程度で、「やや重視する」と合わせて 7 割弱となり、他の学校種よりも低くなっている。

　また、「④『合格可能性』の少ない進学先、就職先だけを受験しようとしている生徒に対する指導」への回答結果については、普通科と総合学科は選択された指導方針にあまり差はないが、専門学科については、「他の進学先、就職先を勧める」が他の学校種よりもやや多く 1 割程度の選択があり、「第一志望の進学先、就職先の他に合格可能性の高い候補を受けさせる」は 6 割程度、「生徒や保護者の希望に任せる」も 2 割程度の選択があり、普通科、総合学科と比べて指導方針がやや異なる傾向がみられた。

　以上、適性を考慮した指導と偏差値を重視した指導の認識や方法について、学校種別に選択率をみてきたが、生徒の適性を考慮した進路指導についての認識や実践については専門学科で普通科、総合学科に比べ、わずかに適性重視の傾向がみられたとはいうものの、学校種によって顕著な違いはなかった。他方、偏差値を基準とした進学指導、就職指導については、普通科、総合学科、専門学科という学校種の違いにより、受験指導、偏差値の重視度や必要性の認識が異なり、普通科で最も強く、専門学科で最も弱いという傾向が確認された。つまり、進学指導の一環としての学力や偏差値を重視した指導の必要性の認識と実践は、卒業後の進路や方向性が多様である普通科において他よりも顕著に表れているとみることができる。

5　進路指導における理念と現在認識されている課題

　ここまで、高等学校における進路指導の現状を、生徒の個性を生かす進路指導と学力や偏差値を中心とする進路指導という 2 つの方向性から検討してきた。最後に、進路指導の担当者が支持する指導の理念および、現在考えている進路指導の課題についてみておきたい。

(1) 理念

　進路指導の理念については、あらかじめ3つの理念を挙げ、「重視している」～「重視していない」の4件法で回答してもらった。この理念はセンター調査で用意されていたものと同一のものを用いた。3つの理念とは、「(a) 進路指導を人間としての生き方、人生設計や職業的・専門的自己実現の教育の一環として実践する」、「(b) 高2、高3からではなく、入学当初から進路指導を行い、生徒が適切な進路先を主体的に選択するように援助する」、「(c) 教科・科目の指導において、人間としての態度や価値観の育成、資質の養成等について十分考えて指導する」である。なお、センター調査においては、この設問は、回答者に対して、「一般の先生のお考え」と「先生ご自身のお考え」という2つの立場からの評価が求められたが、本調査では、回答者自身がどのように感じているかを回答してもらった。本調査の回答結果とともに、参考としてセンター調査での回答結果を**図表Ⅰ-1-14**に示す。また、学校種別に選択の割合を算出した結果を**図表Ⅰ-1-15**に示す。

図表Ⅰ-1-14　進路指導の理念に対する重視の程度

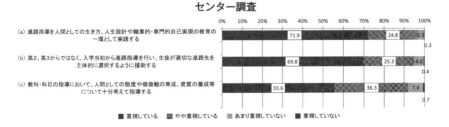

図表Ⅰ-1-15　学校種別にみた進路指導の理念に対する重視の程度

（a）進路指導を人間としての生き方、人生設計や職業的・専門的自己
実現の教育の一環として実践する

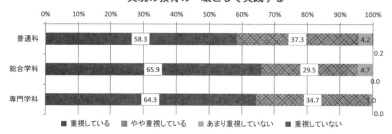

（b）高2、高3からではなく、入学当初から進路指導を行い、生徒が
適切な進路先を主体的に選択するように援助する

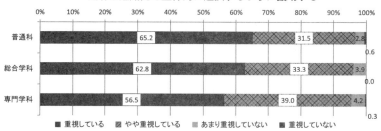

（c）教科・科目の指導において、人間としての態度や価値観の育成、
資質の養成等について十分考えて指導する

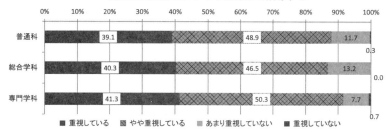

① 進路指導の理念に関する選択の割合

　図表Ⅰ-1-14において「重視している」が最も多かったのは、「（b）高2、高3からではなく、入学当初から進路指導を行い、生徒が適切な進路先を主体的に選択するように援助する」であった。また、「（a）進路指導を人間としての生き方、人生設計や職業的・専門的自己実現の教育の一環として

実践する」も6割程度の選択があった。それに対して、「(c) 教科・科目の指導において、人間としての態度や価値観の育成、資質の養成等について十分考えて指導する」は4割弱の選択であり、「やや重視している」と合わせても他の2つより選択率が低めとなっていた。

他方、センター調査で「先生自身のお考え」として回答してもらった結果をみると、(a)と(b)の「重視している」がそれぞれ7割程度で高くなっている。特に(a)の重視度が高い。また、(c)についても本調査に比べて「重視している」の割合は高くなっている。「重視している」と「やや重視している」の割合を合わせてみると、本調査もセンター調査もそれほど大きな違いはないが、本調査では、センター調査より「やや重視している」の割合が相対的に多くなっていること、特に、(a)や(c)の「重視している」の選択率が低くなった点がひとつの変化として指摘できる。

② 進路指導の理念に関する選択の割合（学校種別）

それぞれの理念について学校種別に選択率の集計を行い、学校種間での選択率を比較してみた（**図表Ⅰ-1-15**）。「(a) 進路指導を人間としての生き方、人生設計や職業的・専門的自己実現の教育の一環として実践する」については、「重視している」と「やや重視している」の合計の割合に学校種による違いはほとんどなく、9割以上の選択率だった。「重視している」という強い肯定に関しては、普通科よりも総合学科、専門学科が若干多くなっていた。

「(b) 高2、高3からではなく、入学当初から進路指導を行い、生徒が適切な進路先を主体的に選択するように援助する」でも肯定的な回答の割合に学校種による違いはなかったが、「重視している」については、普通科が最も多く、続いて総合学科、専門学科の順に選択率が低くなった。普通科については、「重視している」は、(a)よりも(b)の方で多く選択されていた。総合学科、専門学科では(b)よりも(a)での選択率が高かった[6]。「(c) 教科・科目の指

---

6 進路指導の理念と課題については、学校種別に各理念と各課題の回答を評定値（そう思う：4点～そう思わない：1点）に変換し、平均値を算出して学校種間で比較した結果がある（室山・深町，2016）。理念に関しては、(a)において普通科より専門学科の平均値が高い傾向があり（p<.10）、(b)において普通科の平均値が専門学科より有意に高いことが示された（p<.01）。

導において、人間としての態度や価値観の育成、資質の養成等について十分考えて指導する」については、どの学科でも3つの理念の中で「重視している」の選択率が最も低く、学校種による選択率に大きな違いはみられない。

(2) 課題

高等学校における進路指導の課題に関連する調査は過去にいくつか行われているが、リクルート進学総研による調査（2015）では、高等学校における進路指導の難しさに関して尋ねた結果、全体として9割の学校が「難しい」と感じていることが示された。難しさを感じる要因として、「（生徒の）進路選択・決定能力の不足」、「教員の進路指導に関する時間不足」、「学習意欲の低下」、「入試の多様化」、「（生徒の家庭の）家計面の問題」等の10項目の選択肢が用意されているが、このうち、「（生徒の）進路選択・決定能力の不足」、「教員の進路指導に関する時間不足」の選択割合が高くなったとされている。また、ベネッセ教育総研の調査（2004）では、進路指導上、困難を感じる点について回答してもらったところ、「多忙のため個々の生徒に対応する時間的ゆとりがない」が最も高く、そのほかには「生徒の進路の多様化（生徒の進路が多様で指導が困難）」という理由の選択率が前回調査と比較して高くなったという結果が示されている（ベネッセ教育総研, 2004）。

本研究の調査では、こういった過去の研究の結果も踏まえて、生徒にかかわる課題を4項目、学校の進路指導の体制にかかわる課題を4項目挙げ、それぞれについて、ここ数年〜現在に至るまで主な課題となっていると思うかどうかを4件法（そう思う〜そう思わない）で回答してもらった。

生徒にかかわる課題としては、「学業成績や、やる気等に関して、意識の高い生徒とそうでない生徒に分かれ、一律の指導が難しいこと」、「中退、不登校、不適応などで将来の進路における困難が予想される生徒が増えていること」、「授業についていけないなど学業面で問題を抱える生徒への対応」、「友人や教師とのコミュニケーションがとれない生徒への対応」、の4項目を取り上げ、学校の体制にかかわる課題としては、「入試制度の多様化や変更にともない、学校での指導や対策が難しくなっていること」、「教師の負担が多く、進路指導の時間が十分にとれないこと」、「学校としての進路指導の方針

やビジョンが不明確で、教員間で共有されていないこと」、「進学や就職の実績をあげなくてはならないこと」の4項目を用意した。このほかに、項目として挙がっていない課題があれば、自由に記入してもらえるような欄を設けた。

① 現在または近年における進路指導の課題

　まず、生徒にかかわる課題と体制にかかわる課題の計8項目について、それぞれどのように認識されているかをみる。図表Ⅰ-1-16は、各課題に対する「そう思う」～「そう思わない」の選択の割合である。8つの項目は「そう思う」が多かった順に並べ替えている。

　「そう思う」が最も多かったのは、生徒に関する課題のうち、「学業成績や、やる気等に関して、意識の高い生徒とそうでない生徒に分かれ、一律の指導が難しいこと」となった。これについては、「そう思う」が5割、「や

図表Ⅰ-1-16　進路指導の課題

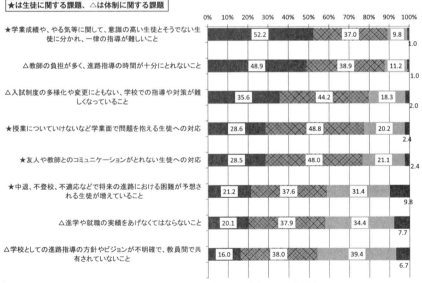

42

やそう思う」が 4 割弱で、合わせると 9 割の学校が肯定の認識をもっていることが示されている。次に多かったのは、体制に関する課題のうち、「教師の負担が多く、進路指導の時間が十分にとれないこと」となった。これについては「そう思う」の割合は一番多かった項目よりも若干低いが、「ややそう思う」と合わせると約 9 割の選択率となり、課題としての認識は同程度に高いとみることができる。3 位は「入試制度の多様化や変更にともない、学校での指導や対策が難しくなっていること」という体制に関する課題であり、これは「そう思う」と「ややそう思う」を合わせて 8 割の選択があった。過去の研究成果において、教員の業務が多忙であることが指摘されていたが、本研究の結果にもそれが表れている。また、「授業についていけないなど学業面で問題を抱える生徒への対応」と「友人や教師とのコミュニケーションがとれない生徒への対応」といった生徒に関する課題についても「そう思う」は若干低くなるものの、「ややそう思う」を合わせると 8 割弱の選択があった。この 2 つの項目への反応は、能力面と社会的な側面で何らかの問題を抱える生徒に対する対応の難しさを感じている教員が少なくないことを示すものであろう。その他の 3 項目については、他に比べて「あまりそう思わない」、「そう思わない」の割合が 3〜4 割程度となり、上記 5 項目よりは課題としての認識は比較的小さいとみることができる。

② 　現在または近年における進路指導の課題（学校種別）
　学校種別に各課題について、「そう思う」〜「そう思わない」までの選択率を整理した結果を**図表Ⅰ-1-17**に示す。各グラフは「そう思う」の選択割合が高い順に項目を並べ替えている。
　普通科、総合学科、専門学科で共通に「そう思う」の選択率が高かったのは、全体の集計結果である**図表Ⅰ-1-16**で 1 位となった「学業成績や、やる気等に関して、意識の高い生徒とそうでない生徒に分かれ、一律の指導が難しいこと」であった。また、体制に関する課題の「教師の負担が多く、進路指導の時間が十分にとれないこと」も 2 番目に高く、この 2 つは学校種にかかわらず課題としての認識が高いことが示された。

図表Ⅰ-1-17　進路指導の課題（学校種別）

普通科　★生徒に関する課題　△体制に関する課題

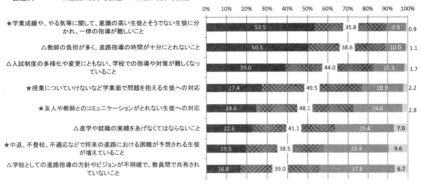

★学業成績や、やる気等に関して、意識の高い生徒とそうでない生徒に分かれ、一律の指導が難しいこと　53.5　35.8　9.8　0.9

★教師の負担が多く、進路指導の時間が十分にとれないこと　50.3　38.6　10.0　1.1

△入試制度の多様化や変更にともない、学校での指導や対策が難しくなっていること　39.0　44.0　15.3　1.7

★授業についていけないなど学業面で問題を抱える生徒への対応　27.4　49.5　20.9　2.2

★友人や教師とのコミュニケーションがとれない生徒への対応　24.6　48.1　24.6　2.8

△進学や就職の実績をあげなくてはならないこと　22.6　41.1　29.4　7.0

★中退、不登校、不適応などで将来の進路における困難が予想される生徒が増えていること　19.5　38.5　32.4　9.6

△学校としての進路指導の方針やビジョンが不明確で、教員間で共有されていないこと　16.8　39.0　37.6　6.7

■ そう思う　▨ ややそう思う　▤ あまりそう思わない　□ そう思わない

総合学科

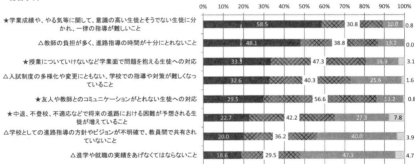

★学業成績や、やる気等に関して、意識の高い生徒とそうでない生徒に分かれ、一律の指導が難しいこと　58.5　30.8　10.0　0.8

△教師の負担が多く、進路指導の時間が十分にとれないこと　48.1　38.8　13.2　0.0

★授業についていけないなど学業面で問題を抱える生徒への対応　33.3　47.3　16.3　3.1

△入試制度の多様化や変更にともない、学校での指導や対策が難しくなっていること　32.6　40.3　25.6　1.6

★友人や教師とのコミュニケーションがとれない生徒への対応　29.5　56.6　13.2　0.8

★中退、不登校、不適応などで将来の進路における困難が予想される生徒が増えていること　22.7　42.2　27.3　7.8

△学校としての進路指導の方針やビジョンが不明確で、教員間で共有されていないこと　20.0　36.2　40.0　3.9

△進学や就職の実績をあげなくてはならないこと　18.6　29.5　47.3　4.7

■ そう思う　▨ ややそう思う　▤ あまりそう思わない　□ そう思わない

専門学科

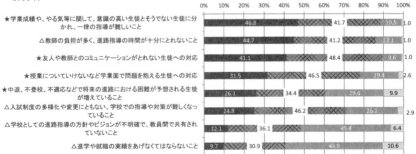

★学業成績や、やる気等に関して、意識の高い生徒とそうでない生徒に分かれ、一律の指導が難しいこと　46.8　41.7　10.5　1.0

△教師の負担が多く、進路指導の時間が十分にとれないこと　44.7　41.2　13.1　1.0

★友人や教師とのコミュニケーションがとれない生徒への対応　41.1　48.4　9.6　1.0

★授業についていけないなど学業面で問題を抱える生徒への対応　31.5　46.5　19.4　2.6

★中退、不登校、不適応などで将来の進路における困難が予想される生徒が増えていること　26.1　34.4　29.6　9.9

△入試制度の多様化や変更にともない、学校での指導や対策が難しくなっていること　24.8　46.2　26.1　2.9

△学校としての進路指導の方針やビジョンが不明確で、教員間で共有されていないこと　12.1　36.1　45.4　6.4

△進学や就職の実績をあげなくてはならないこと　9.7　30.9　48.9　10.6

■ そう思う　▨ ややそう思う　▤ あまりそう思わない　□ そう思わない

　3 位以下については学校種により違いがみられ、普通科の場合には、3 位として「入試制度の多様化や変更にともない、学校での指導や対策が難しくなっていること」の選択率が高かった。それに対して総合学科では、「授業についていけないなど学業面で問題を抱える生徒への対応」が多く、専門学科では「友人や教師とのコミュニケーションがとれない生徒への対応」が多くなった。「入試制度の多様化や変更にともない、学校での指導や対策が難しくなっていること」については普通科では「そう思う」と「ややそう思う」を合わせて 8 割の選択があったが、総合学科と専門学科では7 割程度で、この項目は普通科での課題認識が高いといえる。「授業についていけないなど学業面で問題を抱える生徒への対応」に関しては、どの学科でも相対的な順位は高かったが、「そう思う」の割合に限ってみると、普通科に比べて総合学科と専門学科で若干高めとなった。「友人や教師とのコミュニケーションがとれない生徒への対応」については「そう思う」と「ややそう思う」を合わせた割合が普通科では約 7 割であったが、総合学科、専門学科では 9 割程度であり、普通科よりも総合学科、専門学科での認識が高いことが示された。さらに、生徒に関する課題のうち「中退、不登校、不適応などで将来の進路における困難が予想される生徒が増えていること」についても、「そう思う」の割合は、普通科より専門学科と総合学科でやや多くなっている。

　これらの項目以外に、「進学や就職の実績をあげなくてはならないこと」は普通科では肯定的な回答が 6 割程度であったが、総合学科と専門学科ではそれぞれ 5 割と 4 割であり、普通科において進学実績や就職実績への意識が強いことがわかった[7]。

　学校種を分けずに集計した結果については、全体として普通科の高等学校の数が総合学科や専門学科に比べて多いため、普通科の回答傾向が結果

7　各課題について回答を「そう思う（4 点）」〜「そう思わない（1 点）」に得点化し、学校種別に各平均値を算出して、学校種間で比較したところ（室山・深町, 2016）、「コミュニケーションがとれない生徒への対応」は専門学科が他よりも高く（p＜.01）、「入試制度の多様化等への対応が難しい」は普通科が他よりも高く（p＜.01）、「教師の負担が大きく時間がとれない」は普通科が専門学科より高く（p＜.05）、「進学や就職の実績をあげなくてはならない」は普通科、総合学科が専門学科より高かった（p＜.01）。

に影響しているようであった。学校種を問わず共通に課題としての認識が高い項目がある一方で、学校種によって課題としての認識が異なる項目もあるので、それぞれの学校種の特徴を踏まえた進路指導の課題とそれに対する対応を検討していく視点が必要となるだろう[8]。

6 まとめ

本章では、高等学校における進路指導の特徴について、生徒の個性尊重の進路指導、および学力や偏差値重視の進路指導という2つの方向性から現状をとらえ、大学入試センターが実施した1990年代前半の調査結果なども参照しながら、今日の高等学校が抱える進路指導の問題を検討してきた。本章の最初に問題を検討するための3つの視点を挙げたが、以下、それぞれについてわかったことを整理する。

(1) 個性尊重の進路指導と偏差値重視の進路指導について

第一は、高等学校における現在の進路指導が90年代前半と同じように、偏差値重視を中心とする指導なのか、それとも個性を尊重する指導に、よりシフトしているのかという点の検討である。今回の調査結果をみていくと、生徒の個性を尊重した進路指導の重要性は認識されているものの、特に進学指導においては学力や偏差値を中心とした指導の必要性は認識されているし、偏差値等を重視した指導の実施を肯定的にみている進路指導担当者は多いことがわかった。この傾向は、高等教育課程への進学が1990年代前半よりも容易になったと考えられる近年においても大きく変わっていない。つまり、90年代前半の調査結果と同様に、今日においても生徒の個性尊重の進路指導の必要性は認識されていることは変わりないが、入試や進路への方向付けという現実の課題に直面したときには、適性検査のような興味や関心等の個性評価に焦点をあてた指標よりは、進路の実現可能性を直接的に評価する

8　調査では課題に関して自由記述の欄も設けており、上記で取り上げられたもの以外にも興味深い内容の指摘があった。例えば、生徒の家庭に関する記述（経済面、保護者の意識の問題）、教員の意識、スキルに関する記述等である。これらの詳細については調査シリーズを参照していただきたい（労働政策研究・研修機構，2017）。

ことができる学力偏差値という指標が重視されるのが現状である。

　ところで、センター調査は 90 年代前半に実施されたが、調査報告書の中には、当時の高等学校における進学指導が「学力偏差値重視に偏り、その結果として不本意入学の傾向を助長している」ことにかんがみ、生徒の個性や適性を生かした進路指導の実現に向けて、大学側として発信していく情報の内容を吟味したり、入試制度の改革を進めていくことなどの必要性が述べられている。つまり、高等教育課程への進学に関しては、大学で学ぶことのできる専門分野や各大学の特徴を積極的に発信したり、必ずしも学力だけを偏重しない入試制度を導入することによって、高等学校から大学に進学する生徒が本来の自分の個性を発揮できるような進路を選ぶことができるようにすることが目指されていたといえよう。

　その後、インターネット等の情報環境が大きく変化した近年、大学をはじめとする高等教育機関に関する詳細な情報は誰でも簡単に調べることができるし、大学等の機関もオープンキャンパスや高校生に対する公開授業などを通して積極的に各学校の特徴をアピールしている。進学に関する情報は質、量ともに非常に豊富になったといえるだろう。他方、大学入試制度については一般受験が中心であった当時に比べて、今日の入試方式は多様になり、様々な選抜方式が採られるようになった。それに伴って、高校に在学する生徒、その保護者、教員には今までよりも多くの選択肢を考慮し、その中から進学する生徒自身にあった方法を選択することが求められることになる。このようにみていくと、90 年代前半は、進学を希望する場合、生徒自身は一般受験に向けて学力を高めることを目標とし、教員も生徒の学力を高める指導をすればよかったのに対し、今日の進路指導は様々な情報や選択肢が増えた分、とても難しくなっていると考えられる。その点、大規模な予備校で実施される模擬試験による偏差値は生徒の実力を知り、特定の進路への合格可能性を測る上で客観的かつ予測力が高い指標として役立てられやすいのかもしれない。個性を知るための適性検査に関しても、業者テストによる一斉実施の検査の活用割合が高かったが、数字によって示される指標が用いられる背景には、多様化、複雑化している進路選択の現状への負担感が影響していることもあるように感じられる。

図表Ⅰ-1-18　入試制度に対する考え方について

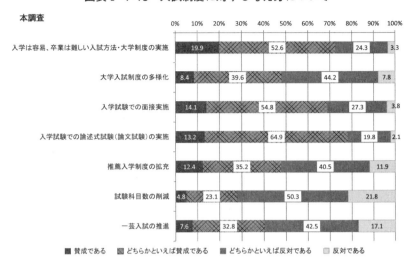

本調査

	賛成である	どちらかといえば賛成である	どちらかといえば反対である	反対である
入学は容易、卒業は難しい入試方法・大学制度の実施	19.9	52.6	24.3	3.3
大学入試制度の多様化	8.4	39.6	44.2	7.8
入学試験での面接実施	14.1	54.8	27.3	3.8
入学試験での論述式試験（論文試験）の実施	13.2	64.9	19.8	2.1
推薦入学制度の拡充	12.4	35.2	40.5	11.9
試験科目数の削減	4.8	23.1	50.3	21.8
一芸入試の推進	7.6	32.8	42.5	17.1

■ 賛成である　　▨ どちらかといえば賛成である　　■ どちらかといえば反対である　　□ 反対である

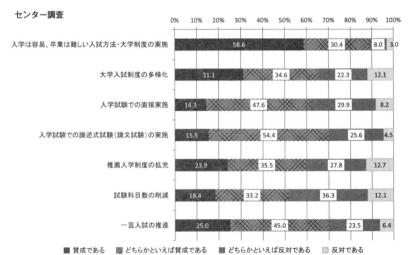

センター調査

	賛成である	どちらかといえば賛成である	どちらかといえば反対である	反対である
入学は容易、卒業は難しい入試方法・大学制度の実施	58.6	30.4	8.0	3.0
大学入試制度の多様化	31.1	34.6	22.3	12.1
入学試験での面接実施	14.3	47.6	29.9	8.2
入学試験での論述式試験（論文試験）の実施	15.5	54.4	25.6	4.5
推薦入学制度の拡充	23.9	35.5	27.8	12.7
試験科目数の削減	18.4	33.2	36.3	12.1
一芸入試の推進	25.0	45.0	23.5	6.4

■ 賛成である　　▨ どちらかといえば賛成である　　■ どちらかといえば反対である　　□ 反対である

　例えば様々な入試制度への賛否を尋ねた設問への回答にもその一端がうかがえる。**図表Ⅰ-1-18**は、大学入試制度に関して、どのような制度が望ましいかを回答してもらった結果である。この項目はセンター調査で用いられたものであるが、その中にはセンター試験のときにはまだ実現していなかった

が今日では実際に導入されている試験方式もある。

　本調査の回答傾向とセンター調査時点での回答傾向をみたとき明らかなのは「賛成である」という強い肯定が、センター調査時点よりも本調査において全体的に低くなっている点である。センター調査時点よりも肯定傾向が強くなっているのは、論述式試験（論文試験）の実施と入試での面接試験の実施のみであった。入学は容易、卒業は困難な入試方法・大学制度の実施については、本調査でも肯定傾向は高かったが、それでもセンター調査よりも2割程度少なくなっている。また、特に、大学入試制度の多様化、推薦入試制度の拡充、試験科目数の削減、一芸入試の推進は賛成よりも反対傾向が上回っている。入試の多様化は、学力や偏差値だけでなく、生徒の個性や適性を入試制度に反映させること、また、生徒の個性を生かした進路指導の実現に向けて進められてきた結果であるといえるが、現場の教員からの回答をみると、そのような意図は必ずしも高等学校の進路指導のあり方に反映されていないようであった。この回答をみる限りでは、入試制度の多様化は進められていても、高等学校の進路指導がそれに対応して変化していくような状況にはならなかったようであり、むしろ現場への負担感が大きくなったり、学力というわかりやすい指標へ傾く傾向が強まったようにもみえる。なお、現場への負担感の大きさについては、第二の視点として検討する進路指導の課題に関する結果においても示されている。

(2) 進路指導における課題について

　本章の第二の視点は、高等学校の進路指導について、現場の教員が感じている課題を明らかにすることであった。調査では生徒自身の問題と体制に関する問題として8項目を挙げて回答してもらったが、このうち課題としての認識が高かったものとしては、生徒に関する項目の「学業成績や、やる気等に関して、意識の高い生徒とそうでない生徒に分かれ、一律の指導が難しいこと」と体制に関する項目の「教師の負担が多く、進路指導の時間が十分にとれないこと」が挙げられる。教員の業務の負担感が高い状況の中、限られた時間において進路指導を効果的に行っていくことを目指すのであれば、学力や意識において多様化しているすべての生徒に同じように時間をかけて指

導していくことがかなり難しいことは納得できる。

　生徒の学力や意識についてのばらつきの問題と教員の負担感が大きいことについては、学校種共通にみられる課題であり、普通科、総合学科、専門学科のどの学校種でも課題としての認識が高いものであった。また、これらの問題は、過去に行われたリクルート進学総研による調査結果（2015）やベネッセ教育総研の調査結果（2004）とも一致している。すなわち、進路指導を実践する上での課題として、入試制度の多様化によりそれに対応する受験指導や進路指導が難しくなっている状況があり、教育現場での業務量が増え、進路指導のための時間が足りないこと、生徒に関しては進路に対する意識や学力面での二極化が起こり、進路指導上、生徒の進路選択や決定能力の不足、安易な進路選択、学業への意欲の低下、コミュニケーション能力の欠如などが問題となる場合も少なくないことが明らかとなった。

　加えて、本章では紹介できなかったが、調査において実施した、進路指導の課題に関する自由記述では、保護者の経済力の不足が生徒の進路選択に影響を及ぼすこと、あるいは保護者が生徒の進路選択に干渉し過ぎたり、逆に教育に対して無関心であることなど家庭環境や保護者の意識、態度に関する指摘があった。また、教員間での進路指導に対するビジョンの不統一、進路指導に対する考え方の温度差、進路指導のスキルや知識不足の教員の存在、研修の難しさについても記述されていた（労働政策研究・研修機構，2017）。

　高等学校における進路指導は、生徒の学力や意識を高めるだけではなく、保護者や教員間での意思疎通を図り、うまく連携していくことが必要である。ただ、自由記述の内容をみると、現状では保護者や教員の意識も様々であり、目的意識や指導方法についての調整もかなり困難であるような印象を受ける。

（3）学校種による進路指導の違いについて

　最後に第三の視点として、学校種による進路指導の方針に対する認識や抱えている課題の違いを取り上げる。生徒の個性や適性を生かした進路指導の必要性の認識については、専門学科が普通科や総合学科よりも若干、高めといえる傾向を示したとはいえ、学校種によって傾向が大きく違っているとはいえなかった。他方、学力や偏差値重視の進路指導の必要性や実施に関して

は、普通科の認識が最も強く、次が総合学科で、専門学科での認識が最も弱くなっており、学校種による認識の違いは明らかであった。

　また、進路指導の課題に関する認識をみても、学校種による違いがみられた。課題としての認識が上位2項目、すなわち「生徒の二極化」と「教師の負担が高く進路指導の時間が不足する」では学校種に関係なく肯定傾向は高かったが、「入試制度の多様化や変更への対応」については、普通科での肯定傾向が最も高く8割を超えた一方で、総合学科、専門学科ではやや低くなり7割程度であった。反対に、生徒に関する課題の「友人や教師とのコミュニケーションがとれない生徒への対応」では、専門学科と総合学科が9割と高くなっており、普通科は7割程度であった。また、「中退、不登校、不適応などで将来の進路における困難が予想される生徒が増えていること」についても、普通科に比べ専門学科、総合学科での認識がやや高めだった。

　このように普通科では学校内外の体制に関する項目の課題としての認識が総合学科や専門学科に比べて高めとなっているが、専門学科では体制の問題よりも生徒にかかわる項目の方で課題としての認識が高く、総合学科は両者の中間に位置づけられる。普通科の回答校には、高等教育課程への進学希望者が多い学校が多数含まれるため、受験体制や進学に関連する体制面の課題認識が高くなったことが考えられる。一方、生徒にかかわる課題認識が専門学科で他の学校種よりもやや高めとなったことについては、学校で学ぶ専門領域とそれに対する生徒の適応状態の問題が反映されているようにも思われる。専門学科の場合、入学後には普通科に比べて特定の専門領域に関連する教科を多く学ぶことになるが、学校の専門領域と自らの興味や能力面との一致を深く考えずに入学した生徒の場合、学習や学校生活全般への適応が難しくなることも推察される。回答の背景には様々な要因があり解釈は難しいが、上記のような観点も含め、学校種による回答傾向の違いについて検討する必要があるだろう。

(4) おわりに

　高等学校を卒業し、進路を選択するにあたり、それぞれの生徒が自らの個性を考えて適切な進路を選択し、それを実現できるようにすることは進路指

導の理想的な姿である。本章では、1990年代前半に行われた大学入試セン
ターによる調査結果との違いの検討を研究目的のひとつとして取り上げ、社
会的な背景が大きく変化した近年における進路指導の状況をみたが、前述の
通り、今回の調査結果も従来の結果とあまり変わらず、学力や模試の偏差値
は依然として進路選択の有力な指標であることが示された。

　他方で、進路指導担当教員には、生徒の個性や適性を考え、生徒自身が興
味や関心をもっている分野や仕事に進めるような支援をしたいという意識も
ある。そこで、進路指導の流れとしては、全体のガイダンスや個別面談を通
して、生徒自身に自分の興味ややりたいことを考えて卒業後の進路を選択す
ることを伝え、その上で、学力や模試の偏差値等の能力面を考慮して、個々
の生徒の進路を決定していくという方法が現実的であり、多くの学校がその
ような方式をとっていると思われる。

　職業適性の定義には、興味や関心といった側面とともに、学力やスキルと
いう能力面も含まれるので、上記の指導は生徒の適性を考慮した指導という
意味では妥当なものである。職業に就くこと、あるいは入職後に適応してい
くためには、単に「好きだから」とか「やりたいから」という興味や意欲だ
けではうまくいかず、その職務に必要な能力の要因も不可欠だからである。

　ただ、今回の調査結果を踏まえて懸念されるのは、生徒自身が自らの興味
や関心の方向を見極められるような指導や、自己理解、職業理解を深めたり
育成するための指導が十分に行われているかということだ。高等教育課程に
進学するための“入試”という関門を通過するために、学力や模試の偏差値
等を現実的な指標として用いて学校選択を行うのは現実に即した手法である
のは確かだが、将来どのような仕事に就きたいか、そのためにはどのような
分野で学び、どのようなスキルや知識を習得するのがいいのか、ということ
を自分なりに考え、意志決定できるような生徒はどのくらいいるのだろうか。

　調査では、進路決定に際して「成績、適性、やりたいこと、将来の仕事など
を考えて、主体的な進路選択ができる生徒」が一学年にどれくらいの割合で
いると思うかを回答してもらった項目があるが、20%刻みで選択してもらっ
たところ、中間の40〜60%未満を選んだ学校が28.2%、中間より少ない40%
未満を選んだ学校が42.5%、中間より多い60%以上を選んだ学校が29.2%と

なった（労働政策研究・研修機構，2017）。この割合をみると、自らの適性を考えて主体的な進路選択ができる生徒の割合は半数に満たないと考えている学校が比較的多いようであり、多くの高校生にとっては、やりたいことや興味・関心を考えて卒業後の進路や仕事を決めなさいといわれても、どうしたらよいかわからないというのが実情のようにも思われる。特に近年は、高校卒業後の選択肢が大きく広がり、進路に関する様々な情報が存在する中で、生徒が自分自身にとって"適切な"選択肢は何かを決めることはますます難しくなっている。こういった生徒達に対する意識形成や指導のあり方に向け、以下に 2 つの点を挙げておきたい。

　一つ目は、進路指導だけではなく、教育活動全般の働きかけを通して生徒自身の自己理解や進路に対する意識を深めさせ、自律的に進路選択する力を育成するという方向性である。近年、学校教育の場では、キャリア教育の推進とともに学校と社会との接続を意識して、生徒一人ひとりに対して社会的・職業的自立に向けて必要な基盤となる能力や態度を育てることを通じてキャリア発達を促す教育の重要性が認識されている。さらに、アクティブ・ラーニング[9]など教科内での教育活動を通して、生徒の主体性、能動性を高め、将来の職業生活に必要な基礎的な力を育成するような教育方式の重要性も指摘されているところである（中央教育審議会，2016）。教育や学習の場で生徒の個性、自主性、考える力を育成するような働きかけが今後効果的に進められれば、学校の進路指導の方向性にかかわらず、進路選択の場において自らの進路を能動的に選択できる力をもった生徒が増えていくことも考えられる。教育の効果が表れるには時間がかかるかもしれないが、若年者の職業意識の形成や発達の問題を考えるためには、長期的な視点に立った教育的な働きかけを忘れてはならないだろう。

　そして二つ目は、進路指導や生徒の職業意識形成にかかわる、学校と公共職業安定所等の公的な機関や地域との連携である。前述の通り、進路指導を担当する教員には、学力以外の適性についてもよく理解して指導できる力が求められる。ただ、進路指導における課題にも示されたように、教員の多忙

9　「アクティブ・ラーニング」は「初等中等教育における教育課程の基準等の在り方について（諮問）」（文部科学省，2014）において提示された。

さ、業務負担の大きさは、進路指導にかけられる時間の不足や質の低下につながる大きな問題となっている。そこで、進路指導の体制として、学校と公的な相談機関や地域との連携を一層強めていくことが有効であると考えられる。

　例えば、高等教育課程に関してみると、大学、短期大学、専門学校、高等専門学校などの学生については、新卒応援ハローワークが各施設内でこれらの高等教育課程の在学生に対する就職支援を行っているほか、ジョブサポーターが学校に出向いて求人の紹介や就職相談、面接等の指導も行っている。2014年の調査結果をみると、大学、短期大学においては、個別相談で公共職業安定所の職員を活用している割合は回答者の7割から8割を占め、就職困難な学生や個別対応が必要な学生に対しては安定所職員による相談が実施されている割合が高い（労働政策研究・研修機構，2014）。

　高等学校と公共職業安定所との連携については、高卒者の就職斡旋に関する協力体制はあるものの、進学希望の生徒に対する職業・労働に関する情報提供や適性検査の実施、就職や職業についての相談や就労体験の支援等に関しては、連携や協力体制がみえにくい。調査への回答をみると、安定所職員による個別相談は総合学科や専門学科でも約5割程度で、普通科では約3割とさらに少なくなっている（労働政策研究・研修機構，2017）。また、安定所職員による説明会や講演会などの情報提供については、普通科では3割弱、総合学科と専門学科でも4割程度となっている。適性検査の実施割合をみても、安定所職員による実施件数は教員や業者による実施件数に比べて少ない。これらの結果をみる限り、就職斡旋以外の進路指導全般に関する高等学校と安定所との連携は特に普通科においてそれほど強くないことが示唆されている。

　しかし、少子高齢化社会が進行している中で、長期的な視点に立って若年者の進路や職業への意識を高めていくこと、進路選択に対する支援を適切に行うことは、学校だけに任せるのではなく社会全体の取り組みとして考えていく必要があるだろう。今後は、進路指導・キャリアガイダンス、就職支援の実践に関する、各教育機関と公共職業安定所などの公的サービス、地域の団体等との連携の現状を踏まえた上で、教育機関と他の機関との役割分担や

協力体制のあり方を探り、連携を一層強めていくような方向性を検討することが重要な課題であるといえよう。

【引用文献】

ベネッセ教育総研（2004）「高等学校の進路指導に関する意識調査―全国高等学校進路ご担当先生対象アンケート調査―」株式会社ベネッセコーポレーション

中央教育審議会（1999）「初等中等教育と高等教育との接続の改善について（答申）」

中央教育審議会（2016）次期学習指導要領等に向けたこれまでの審議のまとめ（案）

大学入試センター（1991）「高等学校の進学指導における個性尊重に関する調査研究報告書―偏差値を主とした進学指導の改善を中心として―」大学入試センター

文部省（1993）「高等学校進路指導資料　第 2 分冊　個性を生かす進路指導をめざして―生徒ひとりひとりの夢と希望を育むために―」

文部科学省（2014）初等中等教育における教育課程の基準等の在り方について（諮問）

室山晴美・深町珠由（2016）高等学校の進路指導・キャリアガイダンスの実態（1）―現在の進路指導の理念・課題と学校タイプとの関連について―　日本キャリア教育学会第 38 回研究大会研究発表論文集，14-15.

日本職業指導協会（編）（1969）「職業指導研究セミナー報告書 1969」日本職業指導協会

リクルート進学総研（2015）「高校の進路指導・キャリア教育に関する調査 2014」株式会社リクルートマーケティングパートナーズ

労働政策研究・研修機構（2014）「大学・短期大学・高等専門学校・専門学校におけるキャリアガイダンスと就職支援の方法―就職課・キャリアセンターに対する調査結果―」JILPT 調査シリーズ，No.116.

労働政策研究・研修機構（2017）「高等学校の進路指導とキャリアガイダンスの方法に関する調査結果」JILPT 調査シリーズ，No.167.

柳井晴夫（1975）『進路選択と適性―大学・職業はこうして決める』日本経済新聞社

第2章 高等教育課程における就職支援と キャリアガイダンス

室山　晴美

1　本章の目的

　若年労働力人口の減少、近年の景気の回復傾向を背景として、若者にとっては就職しやすい状況が続いている。2016年3月末の調査によると、就職率（就職者の就職希望者に対する割合）は、高校生で97.9％（前年同期比0.2ポイント増）、大学等（専修学校を含む）で97.4％（同0.9ポイント増）となった。リーマンショック後に落ち込んでいた就職率も徐々に増加し、回復基調にある[10]。

　しかし、その一方、就職後3年目までの学歴別離職率をみると、大卒が約3割、高卒・短大卒が約4割、中卒が約6割となっている。時系列でみた場合（**図表Ⅰ-2-1**）、中卒、高卒の離職率は1990年代終盤から2000年代初頭の

図表Ⅰ-2-1　学歴別にみた卒業後3年以内の離職率の年次推移（％）

	1996	1997	1998	1999	2000	2001	2002	2003	2004	2005	2006	2007	2008	2009	2010	2011	2012	2013	2014 (1年目まで)	2015 (2年目まで)
中学	71	70.32	70.8	68.5	73	72.3	72.1	70.3	69.7	66.7	67.3	65	64.7	64.2	62.1	64.8	65.3	63.7	59.2	41.5
高校	48.1	47.5	46.8	48.3	50.3	48.9	48.5	49.3	49.4	47.9	44.4	40.4	37.6	35.7	39.2	39.6	40	40.9	31.4	18.1
短大	41.2	39.7	39	41	42.9	42.3	42.4	43.5	44.8	43.8	42.9	40.5	40.2	39.3	39.9	41.2	41.5	41.7	30.2	17.9
大学	33.6	32.5	32	34.3	36.5	35.4	34.7	36.8	36.6	35.9	34.2	31.1	30	28.8	31	32.4	32.3	31.9	22.8	11.8

※新規学校卒業就職者の在職期間別離職状況（厚生労働省
　http://www.mhlw.go.jp/stf/seisakunitsuite/bunya/0000137940.html）により作成。

10　厚生労働省「大学等卒業者の就職状況調査」、文部科学省「平成28年3月高等学校卒業者の就職状況（平成28年3月末現在）に関する調査について」

約7割、約5割に比べてそれぞれ1割程度低くなっているが、大卒・短大卒の離職率にはあまり大きな変化がない。ここ数年の売り手市場の状況において就職していたとしても、3年以内に辞めてしまう若者の離職率はそれほど大きく変化していないとみることができる。

　若者における離職率の高さを取り上げてきた職業指導やキャリアガイダンスの研究において従来から指摘されてきたのは、若者の職業意識の未発達、本人の個性と仕事とのミスマッチの要因である。そして、早い段階から職業意識を高めることの必要性や、自己理解や職業理解を深め、職業選択におけるミスマッチを解消することの重要性が指摘されてきた。これらの指摘は、近年、学校教育においてキャリア教育の実施が義務づけられたことや、若年者を対象とした公的なサービスによる就職支援の実践が推進されていることにもつながっている。

　それでは、各学校の就職課やキャリアセンターによって実施されている、若者の職業意識を高めたり、ミスマッチを解消するための自己理解、職業理解の促進を図ったりするための具体的な方法はどのように行われているのだろうか。大学入試の多様化等を背景として、高等学校卒業後の大学等の高等教育課程への進学率は年々上昇しているが、このことは、能力等の資質の点で従来よりも多様な学生が大学等の高等教育機関に入学していることを意味する。それに伴って、学生に対する進路指導・情報提供や就職活動への意欲喚起・サポートにおいても個別的、専門的な対応が求められる場面が多くなっていることが予想される。

　過去に実施されている調査結果をみると、学校におけるキャリア形成支援の体制（職員、担当者の人数・専門性等）や提供しているメニュー（各種セミナー、インターンシップ、ガイダンス等）、学外の支援組織・団体との連携状況などはおおむね把握されている（ジョブカフェ・サポートセンター，2009；日本学生支援機構，2011，2014，2017；三菱 UFJ リサーチ＆コンサルティング株式会社，2011）。一方で、学生の意識啓発に向けた集団的および個別的な支援・情報提供について詳細に調べているものは少ない。

　そこで、労働政策研究・研修機構では、高等教育課程における就職支援やキャリアガイダンスの具体的な方法を明らかにすることを目的として、2013

年に大学、短期大学、高等専門学校、専門学校の就職課・キャリアセンターの担当者を対象として調査を実施した。調査結果は「大学・短期大学・高等専門学校・専門学校におけるキャリアガイダンスと就職支援の方法―就職課・キャリアセンターに対する調査結果―」（JILPT 調査シリーズ No.116）として 2014 年に公表されている。

　本章では、この調査結果に基づいて、大学等の高等教育課程で実施されている就職支援とキャリアガイダンスの現状を踏まえ、今日、学生への就職支援において担当者が感じている課題を明らかにし、若年者への就職支援や意識啓発のあり方を検討することが目的である。なお、上記の調査で扱われている設問内容は多岐にわたるため、本章においては調査内容についてポイントを絞って結果をみていくことにした。本章で紹介する結果は主に 3 つの部分で構成される。すなわち第一点は、実際に行われている就職支援の内容と方法、第二点は、就職支援の担当者が感じている従来と比較したときの現在の学生の変化や特徴、第三点は、担当者が認識している近年の就職支援における重要課題である。まずは次節において調査に関する方法およびデータの回収数等の情報を示した後、上記の 3 つの観点にしたがって調査から得られた結果を参照しながら、大学等での高等教育課程における就職支援とキャリアガイダンスの方法および近年の課題について考えていきたい。

2　調査方法の概要

(1)　方法

　「キャリアガイダンスと就職支援の方法に関する調査」は 2013 年の 8 月から 9 月にかけて、全国の大学、短期大学（以下、短大）、高等専門学校（以下、高専）、専門学校の就職課・キャリアセンターの担当者を対象として郵送調査により実施された。

(2)　設問内容

　主な調査内容は、①回答校の属性、②具体的な就職支援の内容、③学生の適性・個性把握のための検査やツールの活用とニーズ、④学生の仕事・職業理解、求人情報の提供と支援に関する方法とニーズ、⑤就職課・キャリアセ

ンター全般の現在の取り組みや課題、体制という5つであった。

(3) 調査対象校と回収率

　調査票を送付した学校のうち、大学、短大、高専については全数調査とした。専門学校については大都市圏にある在籍学生が100名以上の学校のうち、専門分野のバランスを考慮して調査対象校を選定した。調査票の送付数、回答数、回収率は**図表Ⅰ-2-2**の通りである。送付数全体に対する回収率は41.4%、学校実数でみると回収率は52.5%となった。

図表Ⅰ-2-2　学校別の送付数、回答数、回収率

学校	送付総数	学校実数	回答数	送付数に対する回収率（%）	学校実数に対する回収率（%）
大学	1071	723	459	42.9	63.5
短期大学	370	346	177	47.8	51.2
高等専門学校	62	57	51	82.3	89.5
専門学校	341	330	77	22.6	23.3
計	1844	1456	764	41.4	52.5

※送付総数：複数のキャンパスを所有する学校については、キャンパスごとに調査票を送付したため、送付総数は学校実数よりも多くなっている。

3　就職課・キャリアセンターの就職支援の内容と方法

　調査では、就職支援の内容を集団的に提供される支援・サービスと個別的に提供される支援・サービスという大きく2つの面から検討した。また、それぞれの支援・サービスの中心的な担い手や適性検査の活用状況についても設問を用意して検討した。本節では、これらのサービスとして実施されている内容についての回答をみていくとともに、学生に対するキャリアガイダンスの実践という観点からの具体例として、職業情報の提供と適性検査等のガイダンスツールの活用状況に関する回答結果を紹介する。そして最後に様々な支援を提供しているのは誰か、すなわち支援の担い手についてみていきたい。

(1) 集団的に提供されている支援・サービス

　まずは集団的に提供されているサービスとして、毎年実施の集団セミナーの内容について回答してもらった結果を学校種別に整理した（**図表Ⅰ-2-3**）。

図表Ⅰ-2-3　毎年実施している集団セミナーの内容（複数回答：%）

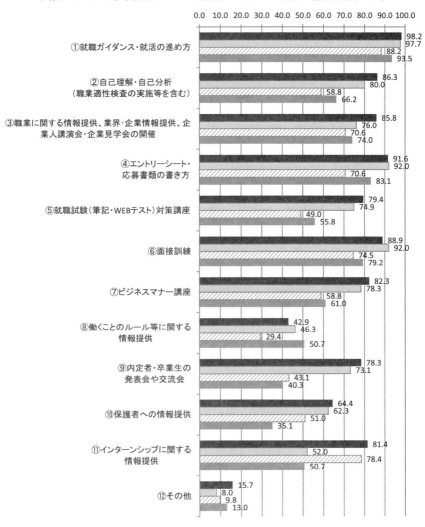

　学校種によらず共通に多く実施されていたものとしては、「①就職ガイダンス・就活の進め方」、「④エントリーシート・応募書類の書き方」、「⑥面接訓練」であった。また、「③職業に関する情報提供、業界・企業情報提供、企業人講演会・企業見学会の開催」も実施割合が全般に高くなっている。これらのセミナーは就職活動をする学生にとって必要な基本情報の提供を目的としているものといえるだろう。他方、学校種により実施割合の違う集団セミナーもみられた。全体として、大学と短大での実施割合が高専、専門学校よりも高いということはおおまかな傾向としてみることができるが、その中で例えば、「②自己理解・自己分析」、「⑤就職試験対策講座」、「⑦ビジネスマナー講座」、「⑨内定者・卒業生の発表会や交流会」は、大学、短大での実施割合が高専、専門学校よりも高くなっている。それとは違う傾向のものとして、「⑪インターンシップに関する情報提供」は、大学と高専で高く、短大と専門学校でそれよりも低くなっていた。学校種で実施傾向が異なるものはそれぞれの学校種の在学生のニーズに合わせて提供されているサービスであると考えられる。

　なお、調査ではこれらセミナーの実施時期についても回答してもらっている。大学の場合、「①就職ガイダンス・就活の進め方」が最も多く実施されるピークは３年生の４〜６月で、次が３年生の10〜12月となった。３年生の10〜12月には「④エントリーシート・応募書類の書き方」の開催が最も多く、「⑥面接訓練」、「⑨内定者・卒業生の発表会や交流会」、「⑦ビジネスマナー講座」に関するセミナーを実施する大学も多い。短大については、各種セミナーのピークは１年生の10〜12月であり、多くの学校で、ほとんどのセミナーがこの時期に集中していた。なお「①就職ガイダンス・就活の進め方」と「⑪インターンシップに関する情報提供」は１年生の４〜６月にも多くなっている。高専では卒業年の１学年前である４年生の４〜６月に「⑪インターンシップに関する情報提供」が他のセミナーに先行して多く、「①就職ガイダンス・就活の進め方」を含む多くのセミナーは同じく４年生の10〜12月に集中していた。専門学校では、卒業の１学年前となる１年生の10〜12月に「①就職ガイダンス・就活の進め方」のピークがあり、その他のセミナーの実施割合も高くなっていた。その後２年生の４〜６月にも面接訓練等のセ

ミナーが多く実施されている。「②自己理解・自己分析」については1年生の4〜6月の実施率が10〜12月と同程度となっており、就職に向けた意識啓発は入学直後の早い時期に実施している状況もみられた。

(2) 個別相談で提供されている支援・サービス

　次に、個別相談で提供されている支援・サービスの内容についてみよう。個別相談で提供されている支援・サービスについては、22項目を用意し、特に「丁寧・慎重な対応を心がけている」という観点と、「対応が難しいと感じるもの」という観点からそれぞれあてはまるものを選んでもらった。

①　特に丁寧・慎重な対応を心がけている個別相談

　学校ごとに22項目を選択率が高い順に並べ替えて12位までを示したグラフを**図表 I-2-4**に示す。学校種にかかわらず選択率が共通に高かったものを挙げると、「未内定者に対する相談」、「エントリーシート・応募書類の書き方の指導・相談」、「就活の進め方に関する相談」、「ビジネスマナー、面接の指導・相談」、「業界・企業に関する情報提供（求人情報の提供を含む）と相談」となった。

　この5項目のほかに高かったものとしては、大学では「自己理解・自己分析の相談（職業適性検査の実施等を含む）」があり、短大では「職業に関する解説や情報提供と相談」、高専では「インターンシップに関する指導・相談」、専門学校では短大と同じく「職業に関する解説や情報提供と相談」となった。

　それぞれの項目の選択率をみると上位はおおむね6割以上の選択率があり、各学校種でそれほど違いがなく、個別相談で「特に丁寧・慎重な対応を心がけているもの」としての認識については、学校種による違いはそれほど大きくないとみることができる。なお、個別相談で実施されている項目には集団セミナーとして実施されている内容と重複するものがあり、「未内定者に対する相談」以外の上位項目は、集団セミナーでも実施されているものとなっている。集団セミナーを受けた学生が、個別相談での支援を受けに就職課・キャリアセンターに来室する場合も少なくないといえるだろう。

②　対応が難しいと感じられている個別相談

続いて、個別相談の 22 項目に対して、「対応が難しいと感じるもの」という観点から選択率を学校種別に並べ替え、上位 12 項目をグラフにした

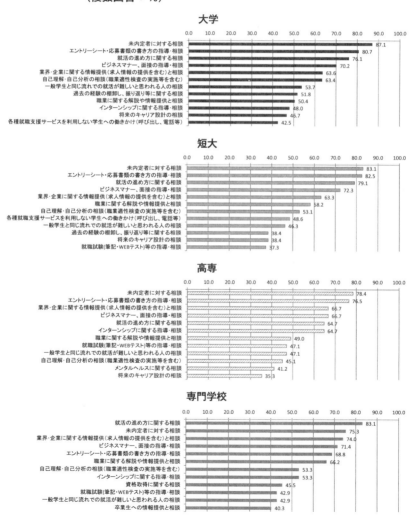

図表Ⅰ-2-4　個別相談の内容「特に丁寧・慎重な対応を心がけているもの」（複数回答：%）

大学

項目	%
未内定者に対する相談	87.1
エントリーシート・応募書類の書き方の指導・相談	80.7
就活の進め方に関する相談	76.1
ビジネスマナー、面接の指導・相談	70.2
業界・企業に関する情報提供（求人情報の提供を含む）と相談	63.6
自己理解・自己分析の相談（職業適性検査の実施等を含む）	63.4
一般学生と同じ流れでの就活が難しいと思われる人の相談	53.7
過去の経験の棚卸し、振り返り等に関する相談	51.8
職業に関する解説や情報提供と相談	50.4
インターンシップに関する指導・相談	48.0
将来のキャリア設計の相談	46.7
各種就職支援サービスを利用しない学生への働きかけ（呼び出し、電話等）	42.5

短大

項目	%
未内定者に対する相談	83.1
エントリーシート・応募書類の書き方の指導・相談	82.5
就活の進め方に関する相談	79.1
ビジネスマナー、面接の指導・相談	72.3
業界・企業に関する情報提供（求人情報の提供を含む）と相談	63.3
職業に関する解説や情報提供と相談	58.2
自己理解・自己分析の相談（職業適性検査の実施等を含む）	53.1
各種就職支援サービスを利用しない学生への働きかけ（呼び出し、電話等）	48.6
一般学生と同じ流れでの就活が難しいと思われる人の相談	46.3
過去の経験の棚卸し、振り返り等に関する相談	38.4
将来のキャリア設計の相談	38.4
就職試験（筆記・WEBテスト）等の指導・相談	37.3

高専

項目	%
未内定者に対する相談	78.4
エントリーシート・応募書類の書き方の指導・相談	76.5
業界・企業に関する情報提供（求人情報の提供を含む）	66.7
ビジネスマナー、面接の指導・相談	66.7
就活の進め方に関する相談	64.7
インターンシップに関する指導・相談	64.7
職業に関する解説や情報提供と相談	47.1
就職試験（筆記・WEBテスト）等の指導・相談	47.1
一般学生と同じ流れでの就活が難しいと思われる人の相談	45.1
自己理解・自己分析の相談（職業適性検査の実施を含む）	45.1
メンタルヘルスに関する相談	41.2
将来のキャリア設計の相談	35.3

専門学校

項目	%
就活の進め方に関する相談	83.1
未内定者に対する相談	75.3
業界・企業に関する情報提供（求人情報の提供を含む）	74.0
ビジネスマナー、面接の指導・相談	71.4
エントリーシート・応募書類の書き方の指導・相談	68.8
職業に関する解説や情報提供と相談	66.2
自己理解・自己分析の相談（職業適性検査の実施等を含む）	53.3
インターンシップに関する指導・相談	53.3
資格取得に関する相談	45.5
就職試験（筆記・WEBテスト）等の指導・相談	42.9
一般学生と同じ流れでの就活が難しいと思われる人の相談	42.9
卒業生への情報提供と相談	40.3

ものが**図表Ⅰ-2-5**である。

　上位項目をみると、「メンタルヘルスに関する相談」が大学、高専、専門学校で1位、短大では2位となり、学校種にかかわらず、対応が難しい

図表Ⅰ-2-5　個別相談における「対応が難しいと感じているもの」の学校種別上位12位（複数回答：%）

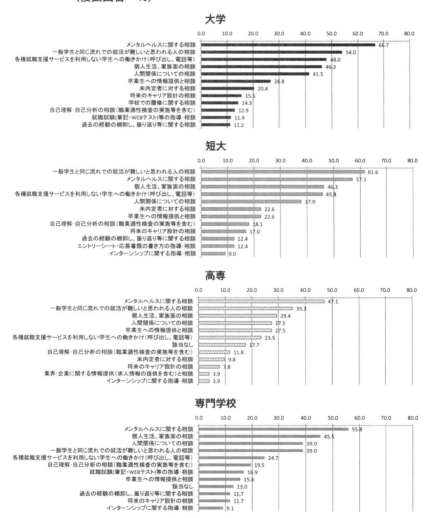

と感じている個別相談の上位となった。また、「一般学生と同じ流れでの就活が難しいと思われる人の相談」も上位にあり、短大では1位、大学、高専では2位、専門学校では4位となった。「個人生活・家庭面の相談」、「人間関係についての相談」も、どの学校種でも5位以内に入っていた。

　学校種によって傾向が異なる点は何かという観点から検討してみると、全体の選択率として、大学が最も高く、短大、専門学校、高専の順に低くなっていることが挙げられる。この設問では、個別相談としての各項目の実施の有無を最初に尋ねているわけではないので、もともとの個別相談の実施率が学校種によって違うのか、あるいは、対応が難しいと感じられるような個別相談が大学で最も多いため、このような結果になっているのかについては明確にはできない。

　なお、個別項目として、「各種就職支援サービスを利用しない学生への働きかけ（呼び出し、電話等）」が大学、短大で比較的多かったのに対し、高専、専門学校はそれよりもやや少なかったという結果をみると、卒業後の進路がある程度方向付けられている高専、専門学校に比べて、進路が多様な大学、短大の方が、学生の職業意識にもばらつきが大きく、その点についての個別的な支援が大学、短大において対応が難しい課題として認識されている状況がうかがえる。

(3) 職業情報の提供

　就職活動において、多くの学生は業界や企業の選択に目を向けがちであるが、就職してからどのような仕事をするのかという職種選択は、入職後の適応という長期的な観点から考えるとき重要な条件となる。近年は、インターネットを通して、学生は職業情報を自由に検索し、読むことはできるが、多くの情報の中から何が自分にとって必要であり、役立つ情報なのかを見極めることは難しい。また、就職活動をしているプロセスにおいて、その時点で役立つ情報は学生一人ひとりの状況に応じて違っていることが考えられる。そのような点から考えてみると、職業情報の提供については、個人の状況を踏まえた上で、質、内容、タイミングともに適切であることが望ましい。

　職業情報に関する設問としては、まず、就職活動において必要となる職業情報の内容としてどのようなことが考えられているのかを尋ねた。10の項目に対して、必要と思うものを複数回答で選択してもらった結果が**図表Ⅰ-2-6**である。

　学校種共通に多かったのは「仕事の内容、具体的に何をどのようにするか」という職務内容に関する情報であった。また、「労働条件（賃金、時間、他）」、「その仕事のおもしろさややりがい」も選択率が高かった。「その仕事の業界の動向や将来性」についても各学校種で多くの選択があったが、特に大学での選択率が他よりも高めとなっていた。これらの情報について

図表Ⅰ-2-6　職業情報において必要な内容（複数回答：%）

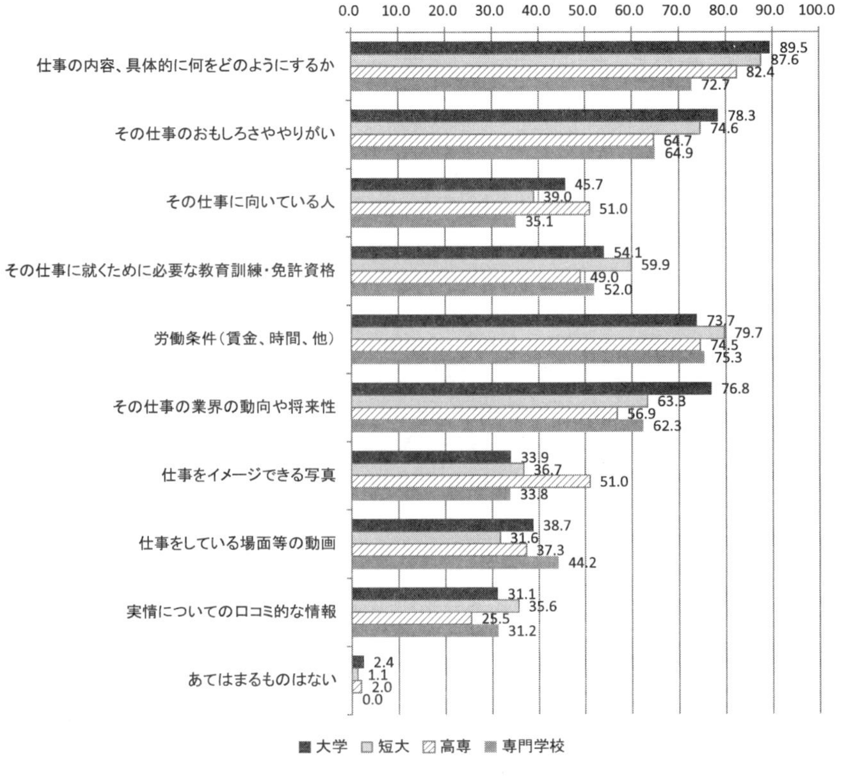

■大学　□短大　▨高専　▪専門学校

は、学生が職業を理解し、職種を選択する上で必要となる基本情報である
とみることができる。

②　職業情報に期待していること

　次に、就職課・キャリアセンターが職業情報にどのようなことを期待し
ているかをみた。8項目を用意して、期待するものをいくつでも選択して
もらった結果を**図表Ⅰ-2-7**に示す。

図表Ⅰ-2-7　職業情報に期待すること（複数回答：%）

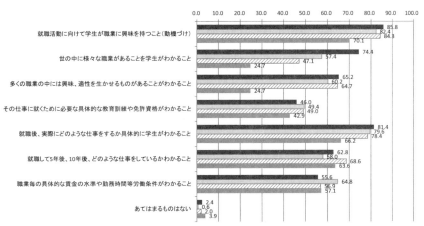

　この回答結果をみると、「就職活動に向けて学生が職業に興味を持つこ
と（動機づけ）」と「就職後、実際にどのような仕事をするか具体的に学
生がわかること」は学校種共通でどの学校でも選択率が高かったが、3位
以下に違いがみられた。また、選択率の高さも学校により違いがあった。
　そこで、学校種別にみてみると、大学では「就職活動に向けて学生が職
業に興味を持つこと（動機づけ）」と「就職後、実際にどのような仕事を
するか具体的に学生がわかること」の2つが選択率に関して8割を超えた。
その次には「世の中に様々な職業があることを学生がわかること」が7割
強となった。特に3位の項目は、他の学校種よりも高くなっている。短大
については、上位2項目は大学と同じで、3位は「職業毎の具体的な賃金

の水準や勤務時間等労働条件がわかること」となった。高専では、上位2項目は大学、短大と同じであったが、3位は「就職して5年後、10年後、どのような仕事をしているかわかること」であった。専門学校は、上位3項目は高専と同じであった。ただ最も高いものでも選択率が7割であり、他の学校種と比べて低めとなっていた。職業情報に期待することとしては、職業への動機づけを高めることと職務の理解を深めることが大きいが、その他については、職業全般に対する意識を広げることを重視する大学に対して、長期的なキャリアの見通しをもたせたいと考える高専、専門学校、賃金や勤務時間という労働条件を重視する短大で、期待されるポイントが異なっていることが示された。

(4) キャリアガイダンスツールの活用状況

　就職活動では職業情報を理解するとともに自己理解を深めることが重要であるが、そのひとつの具体的な道具として利用されるのが適性検査やキャリアガイダンスツール（以下、ツール）である。適性検査やツールを用いた自己理解・自己分析は集団的なセミナーとしても個別的な相談においても実施されているが、具体的にどのようなものがどのような体制で行われているのだろうか。

① 実施の有無

　まず、適性理解、就職支援のための検査やツールの実施の有無を聞いたところ、実施していると回答した学校の割合は、大学で66.2%、短大で44.1%、高専で51.0%、専門学校で38.2%であった。

② 実施理由

　続いて、実施の理由を学校種別にまとめたものが**図表Ⅰ-2-8**である。
　最も多かった理由は「学生が、自分自身の適性を理解するために役立てることができるから」という理由で、大学、短大、高専では9割以上、専門学校で8割の選択率であった。次に、大学、短大で多かった理由として「職業選択に対する意識を高めることができるから」があり、これは7割

図表Ⅰ-2-8　検査・ツールを実施している理由（複数回答：%）

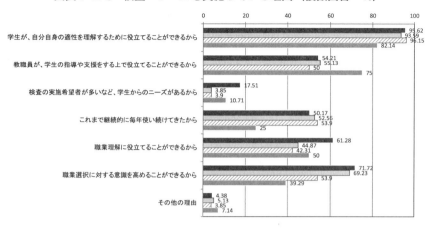

程度であったが、高専、専門学校ではそれほど高くない。なお、専門学校で多かったのは「教職員が、学生の指導や支援をする上で役立てることができるから」という回答であり、他が5割程度であるのに対して、8割近い選択率となった。適性検査やツールの実施理由は、自己理解の促進という点では各学校で共通といえるが、職業選択に対する意識づけという理由については、進路がある程度絞られている高専、専門学校に比べて、大学、短大において実施の必要性が認識されているという結果となっている。

③　実施されている検査やツールの種類

　次に、就職支援の一環として実施されている検査やツールの種類をみる。実施されている検査名を最大で4つまで書いてもらい、タイプ別に16個のカテゴリーに分け、学校種別に各カテゴリーに分類された検査やツールの件数を算出した結果を示す。カテゴリーの内容を**図表Ⅰ-2-9**に、用いられている検査やツールの件数を**図表Ⅰ-2-10**に示した。

　記入された検査・ツールの総数は大学で526件、短大で117件、高専で33件、専門学校で34件であった。大学での件数が多くなっているが、大学に関しての検査・ツールの種類をみると、16個のカテゴリーのうち、「1

カテゴリーの種類	各カテゴリーの分類基準
1　就職指導用総合適性検査	就職指導を目的として能力、興味、性格などを総合的に測定する検査
2　自己分析用資料作成支援ツール	自己分析、エントリーシート作成のための資料を提供するための検査
3　採用試験用総合適性検査	採用試験で用いられる総合的な検査の模擬テスト、あるいは対策のためのテスト
4　WEBテスト	WEBの就職支援サイトで実施できる各種検査
5　採用試験・資格試験の模擬試験	公務員、保育士など試験対策のための模擬テスト
6　パーソナリティ検査	性格、メンタルヘルスの状態等を測るための検査
7　職業興味検査	職業への興味、志向性を測る検査
8　一般職業適性検査（能力の測定）	一般的な職業能力を測る検査
9　コンピテンシー測定検査	入職後発揮される能力の予測、評価を行う検査
10　基礎学力テスト	読み書き、計算等の基礎学力を測定する検査
11　社会人基礎力測定検査	いわゆる「社会人基礎力」として定義されている特性を測るための検査
12　職種別職務能力検査	特定の職種に対する能力を中心とした適性を測定するための検査
13　カードソートタイプのツール	カードを用いた自己理解系のツール
14　就活スキルチェック検査	エントリーシートの作成や面接等についてのレベルをチェックするための検査
15　一般的な検査の記述	適性テスト、適職テストなど一般的な記述をされているもの
16　その他／内容不明のもの	学校独自のプログラムや内容が不明のもの

図表Ⅰ-2-10　実施されている検査・ツールのカテゴリー別の度数

分類カテゴリー		1	2	3	4	5	6	7	8	9	10	11	12	13	14	15	16	合計
大学	度数	83	67	63	45	42	41	38	28	27	13	13	10	3	3	39	11	526
	%	15.8	12.7	12.0	8.6	8.0	7.8	7.2	5.3	5.1	2.5	2.5	1.9	0.6	0.6	7.4	2.1	100.0
短大	度数	10	15	11	9	17	8	5	13	1	0	4	3	0	4	9	8	117
	%	8.6	12.8	9.4	7.7	14.5	6.8	4.3	11.1	0.9	0.0	3.4	2.6	0.0	3.4	7.7	6.8	100.0
高専	度数	2	3	16	0	2	1	5	0	1	0	0	0	0	1	2	0	33
	%	6.1	9.1	48.5	0.0	6.1	3.0	15.2	0.0	3.0	0.0	0.0	0.0	0.0	3.0	6.1	0.0	100.0
専門学校	度数	2	4	2	1	0	12	1	2	6	1	0	0	0	0	0	3	34
	%	5.9	11.8	5.9	2.9	0.0	35.3	2.9	5.9	17.7	2.9	0.0	0.0	0.0	0.0	0.0	8.8	100.0
合計	度数	97	89	92	55	61	62	49	43	34	15	17	13	3	7	49	24	710
	%	13.7	12.5	13.0	7.8	8.6	8.7	6.9	6.1	4.8	2.1	2.4	1.8	0.4	1.0	6.9	3.4	100

就職指導用総合適性検査」が最も多く、続いて「2　自己分析用資料作成支援ツール」、「3　採用試験用総合適性検査」がそれぞれ同程度を占めた。大学の場合、利用が全体件数の1割を超えたのはこの3種類で、その他の検査の記入数はそれほど多くない。短大では「5　採用試験・資格試験の模擬試験」が一番多く、次が「2　自己分析用資料作成支援ツール」、「8　一般職業適性検査（能力の測定）」の順である。「3　採用試験用総合適性検査」と「1　就職指導用総合適性検査」もそれぞれ11件、10件で様々な検査が活用されている。高専と専門学校はもともと記述されていた数が少ないが、このうち高専では「3　採用試験用総合適性検査」が最も多く16件を占め、その次は「7　職業興味検査」で5件であった。専門学校は他と傾向が異なり、「6　パーソナリティ検査」が最も多く、次が「9　コ

ンピテンシー測定検査」で６件であった。用いられている検査、ツールの種類には、学校種による目的や学生のニーズの違いが反映されているようであった。

最後に、このような種類の検査を誰がどのように実施しているのかをみておきたい。検査の実施形態と実施者について整理したものが**図表Ⅰ-2-11**である。

図表Ⅰ-2-11　検査・ツールの実施形態と実施者の度数と割合（%）

大学	教職員		委託業者		その他		計	
実施形態	度数	%	度数	%	度数	%	総数	各実施形態の割合
集団実施	168	34.3	311	63.5	11	2.2	490	81.1
個別実施	50	43.9	51	44.7	13	11.4	114	18.9
計	218	36.1	362	59.9	24	4.0	604	100.0

短大	教職員		委託業者		その他		計	
実施形態	度数	%	度数	%	度数	%	総数	各実施形態の割合
集団実施	51	42.5	65	54.2	4	3.3	120	85.7
個別実施	9	45.0	10	50.0	1	5.0	20	14.3
計	60	42.9	75	53.6	5	3.6	140	100.0

高専	教職員		委託業者		その他		計	
実施形態	度数	%	度数	%	度数	%	総数	各実施形態の割合
集団実施	15	45.5	18	54.5	0	0.0	33	91.7
個別実施	1	33.3	1	33.3	1	33.3	3	8.3
計	16	48.5	19	52.8	1	2.8	36	100.0

専門学校	教職員		委託業者		その他		計	
実施形態	度数	%	度数	%	度数	%	総数	各実施形態の割合
集団実施	14	43.8	14	43.8	4	12.5	32	80.0
個別実施	5	62.5	3	37.5	0	0.0	8	20.0
計	19	47.5	17	42.5	4	10.0	40	100.0

※実施者別の実施形態の%は総数に対して各度数が占める割合を示す。
※各実施形態の割合は、実施者をまとめた実施形態総数の総数計に占める割合を示す。

まず、実施形態をみると、どの学校種でも集団実施が８～９割を占め、個別実施より集団実施の割合が高くなっている。さらに集団実施の場合の実施担当者をみると、大学では委託業者が63.5%、教職員が34.3%と委託業者の占める割合が高い。大学では比較的多くの検査やツールが実施されているが、多くは就職に向けた自己理解、自己分析用の検査であり、集団

場面で業者により実施されているという状況が示されている。短大と高専は委託業者が教職員の割合を若干上回っているが、割合としては大学ほどの大きな差はない。専門学校では教職員と委託業者の割合が同じであった。次に個別実施をみてみると、個別実施件数の多い大学、短大において、教職員と委託業者の件数はほぼ同じであった。

４ 従来と比較したときの現在の学生の変化や特徴

　前節では大学等の高等教育機関の就職課・キャリアセンターでの就職支援として提供されている具体的な支援やサービスの内容をみてきたが、本節では、これらの支援を行っている就職課・キャリアセンターの担当者が、近年の学生の就職に向けた意識や特徴をどのようにとらえているかを検討したい。

　調査では「過去３〜５年間の学生の意欲や態度の変化」として７項目を用意し、過去と比較したときの現在の学生の状況をそれぞれ５段階で評価してもらった。７項目とは、①授業に対する態度や学習意欲（１：良くなった〜５：悪くなった）、②将来のキャリア設計に対する意識（１：高くなった〜５：低くなった、③資格取得や講座受講に対する積極性（１：高くなった〜５：低くなった）、④就職支援サービス全体への学生の参加率（１：高くなった〜５：低くなった）、⑤最終学年において進路が未決定の人の割合（１：減った〜５：増えた）、⑥通常の就職活動が困難と思われる学生の割合（１：減った〜５：増えた）、⑦退学者の割合（１：減った〜５：増えた）である。５段階評価であるので、どの項目についても中間の評価「３」は「どちらともいえない」という回答であると判断すれば、各項目の内容からみて、評価１および評価２はポジティブな変化への同意を示し、評価４および評価５はネガティブな変化への同意とみることができる。学校種別にみた各項目に対する評価の割合を図表Ⅰ-2-12に示す。

　それぞれの項目ごとにみていくと、全体として「３：どちらともいえない」という中間の回答が４〜６割程度占める項目が多くなっており、中間の回答をしている学校が多いことがおおまかな傾向である。

　そこで、中間の回答である評価３を除いた回答割合に注目し、変化の方向性を検討した。例えば大学の回答をみると、①授業に対する態度や学習意欲、

図表Ⅰ-2-12　学校別にみた過去3～5年間の学生の意欲や態度の変化と実態に関する評価

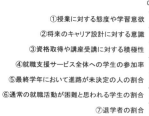
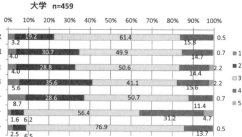

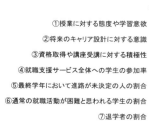
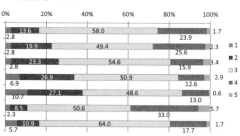

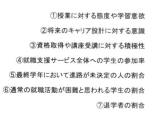
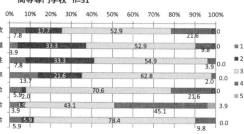

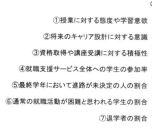
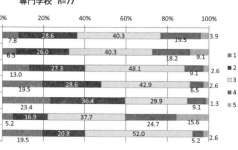

②将来のキャリア設計に対する意識、③資格取得や講座受講に対する積極性、④就職支援サービス全体への学生の参加率については、評価4～5「悪くなった、低くなった」よりも評価1～2「良くなった、高くなった」とする学校の割合が多い。中間の回答を除くと、学習意欲や就職に向けた学生の意識は以前より低くなっているというよりは、高くなっていると回答した学校が多いことがわかる。また、⑤最終学年において進路が未決定の人の割合については評価1～2「減った」という割合が評価4～5「増えた」とする回答よりも多く、未決定者の増加傾向より減少傾向を選んだ学校が多いことも確認された。

その一方で、⑥通常の就職活動が困難と思われる学生の割合に対する回答結果をみると、①～⑤の側面に対するポジティブな回答傾向とは反対に、中間の評価をした学校は4～5割程度あるものの、評価1～2の「減った」よりも評価4～5の「増えた」とする学校の割合が相対的に多く、約4割弱を占めていた。また、⑦の退学者の割合は、評価1～2「減った」より評価4～5「増えた」の割合が若干多くなっていた。

このほかの短大、高専、専門学校についても、全体として中間の回答である評価3の割合が大きいのは大学と共通である。また、学校種間で若干の回答傾向の違いはあるが、全体として、①～④のような就職意識の部分についてはポジティブな評価が多くなっている[11]。

その一方で、⑥通常の就職活動が困難と思われる学生の割合に関する回答については、中間である評価3の回答を除くと、評価1～2「減った」より評価4～5「増えた」というネガティブな方向への回答割合がどの学校種でも多くなっている点が共通にみられた。

このように、過去3～5年間の学生の変化の傾向については「変わっていない」とする学校も全体の4～6割を占めるが、変化の方向性の傾向をみてみると、学生全体の職業選択や就職に向けた意識は以前よりも高まっているという認識があるが、通常の就職活動が困難と思われる学生の割合については、以前に比べて減少よりも増加傾向としてみている担当者の方が多いこと

11　短大については①授業に対する態度や学習意欲と②将来のキャリア設計に関する意識において、評価1～2より評価4～5の割合が若干大きく、他の学校種と傾向が異なる。

が示唆されている。学生全体の意識の底上げが顕著な中で、就職に困難を抱える学生が目立ってしまったり、目をひきやすくなっているという影響も考えられるが、就職が好調な状況においても就職に困難を抱える学生は依然として存在し、以前よりも増えているという認識をもつ担当者も少なくないことは留意すべき点であろう。

5　高等教育課程における就職支援での近年の重要課題

　最後に、大学等の高等教育課程の就職課・キャリアセンターの担当者が考えている重要課題について検討する。これについては、課題項目を用意し、該当するものをいくつでも選択してもらう形式の設問に対する回答と、現在感じている問題点を自由に記述してもらう設問への回答という2つの観点からの結果を紹介したい。

(1)　就職課・キャリアセンターの重点課題として、現在あるいは中長期的に重点的に取り組んでいる課題は何か（複数回答）

　図表Ⅰ-2-13は、課題として考えられる17項目に対して、複数回答可で選択してもらった結果（各項目の選択率）である。

　学校種別に選択率が高かった項目をみると、大学では、6割以上の学校に選択された上位項目として、低学年からのキャリアに対する意識づけ、就職課・キャリアセンター利用の促進、就活意欲の低い学生や就職困難な学生への呼びかけやアプローチ、個別相談体制の充実があった。次に短大をみると、高い順に、就活意欲の低い学生や就職困難な学生への呼びかけやアプローチ、低学年からのキャリアに対する意識づけ、就職課・キャリアセンター利用の促進、個別相談体制の充実となった。大学の重点項目と内容は一致したが、順位が若干異なっていた。高専は、低学年からのキャリアに対する意識づけが最も高く、それ以外は選択率が低く5割程度になるが、インターンシップの充実、就活意欲の低い学生や就職困難な学生への呼びかけやアプローチが2位および3位であった。専門学校は就職率のアップが1位で、就活意欲の低い学生や就職困難な学生への呼びかけやアプローチ、個別相談体制の充実、低学年からのキャリアに対する意識づけとなった。全体的に大学、短大

の選択率の方が、高専、専門学校の選択率よりも高めとなっているが、上位項目の内容をみると、低学年からのキャリアに対する意識づけ、就活意欲の低い学生や就職困難な学生への呼びかけやアプローチはどの学校でも共通に上位となっている。また、大学・短大において就職課・キャリアセンターの利用の促進や個別相談体制の充実も6〜7割の選択があることから、卒業後の進路の方向性が定まっていない学生に対する意識づけやアプローチ、個別

図表 I -2-13 現在あるいは中長期的に取り組んでいる重点課題の選択率（複数回答：%）

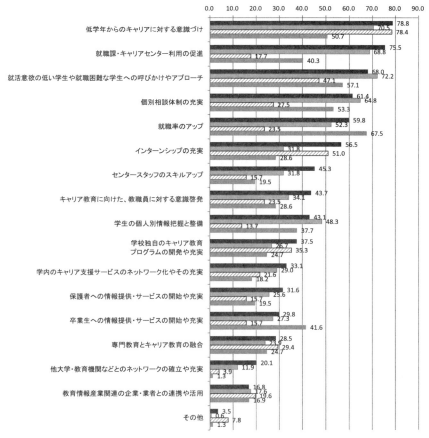

の対応が重要課題となっている様子もうかがえる。

(2) 大学、短大、高専、専門学校でのキャリアガイダンスや就職支援に関して、現在、どのような点が問題か。また、今後、どのようになるとよいと思うか（自由記述）[12]。

　自由記述については、記述があった学校のうち「特になし」以外の何らかの記述があった学校の度数および学校種別の総数に占める割合をみると、大学で 191 件（41.6％）、短大で 62 件（35.0％）、高専で 21 件（38.9％）、専門学校で 35 件（45.5％）、全体の件数は 309 件で、それぞれ約 4 割程度の学校が何らかの問題を記述していた。各記述は内容の類似度から 5 つのカテゴリーにより整理された。すなわち、ａ. 学生に関する記述、ｂ. スタッフに関する記述、ｃ. 連携に関する記述、ｄ. 制度に関する記述、ｅ. 現行プログラムに関する記述である。

ａ．学生に関する記述

　このカテゴリーには、就職課・キャリアセンターのサービスの対象である学生が抱える問題点を指摘する記述がまとめられた。この分類に含まれる記述をみると、学生の職業意識の高揚を目指したいという意見や、意識の高い学生と低い学生の二極化についての指摘がみられた。

〈記述例〉

・低学年からのキャリア関連授業科目やキャリア支援ガイダンス等の実施により、職業意識・就業力の高揚を図っているが、いざ就職活動となると、積極的に就職活動し、複数の企業から内定を獲得する学生と「やりたい仕事が見つからない」と就職活動に出遅れる学生の二極化が起こっている。（大学）

・短大においては就職を自分自身の事として自発的活動するための準備期間が短いため、活動が受け身になりがちであるように思う。積極的に自ら動いて

12　自由記述のカテゴリー分けと整理は、調査シリーズ（労働政策研究・研修機構，2014）において松本純平（労働政策研究・研修機構　元特任研究員）が担当した（第6章 p.114〜p.120）。本節の〈記述例〉は調査シリーズの該当部分から一部または全部を抜き書きしたものである。

いく姿勢を出せるよう働きかけていけるとよいと思う。（短大）

・今後、教育内容の充実により、さらにスキルアップした学生の要望への対応
と自律性に乏しく就職の準備が著しく劣った学生への対応の二極化が表れる
と思われる。（専門学校）

ｂ．スタッフに関する記述

　このカテゴリーには、就職課・キャリアセンターのスタッフが抱える問題
点を指摘する記述がまとめられた。就職課・キャリアセンターとしての支援
の方法やスタッフのスキル、体制についての問題点の指摘などがみられる。

〈記述例〉

・学部ごとなど大規模なガイダンス実施は多様な学生が増えている現状に合わ
なくなっている。小規模のガイダンス実施のためには指導する側の能力を高
めることが要求される。（大学）

・課員の人数に限りがある中で、効率よく学生を指導していくにも時間をかけ
なければならない学生が増えてきているので、集団でのガイダンス等に参加
する学生を増やせるよう、魅力的なものとしていく努力が必要。（大学）

・近年、学生の就職活動に対し、よりきめ細やかな支援を求められる傾向にあ
るが、それに十分対応し得る教職員の体制整備（人員面・スキル面）に苦慮
する学校も多いと考える。（短大）

ｃ．連携に関する記述

　このカテゴリーには、就職課・キャリアセンターと学内の教務、教員との
連携や学外の企業などとの協力関係、連携の問題点を指摘する記述がまとめ
られている。就職支援に対する教員の理解と協力を望む声や、学生と企業と
の交流の促進を期待する記述が含まれる。

〈記述例〉

・就職指導課のスタッフだけでは学生の希望する進路や就職活動の状況を把握
するのは無理なので、学生を直接指導する教員の協力が必要である。（大学）

・それぞれの専門分野に精通した教員による、出口支援の必要性。教員、事務スタッフ、キャリアカウンセラーによる「面」でサポートできる体制が必要。（大学）
・教員とキャリアセンター職員との連携が重要度を増していると考えられる。（短大）
・就職活動にとらわれない学生と企業との交流をさらに促進し、早期に学生が企業の求める人材となるべく、教育される仕組みづくりを確立したい。（短大）
・就職支援の対象として、四大生以外の学生をあまり意識しない関連業者や合同説明会主催者が目立つ。（中略）四大生中心で就職支援を行うのは致し方ないが、就職支援にかかわる関係業者・関係機関は、新卒者全体、若者全体を考えてもらいたいし、短大側としてそのことを求めていかなければならない。（短大）

ｄ．制度に関する記述

　このカテゴリーには、学校と卒業後の進路、学校と中学・高校など、学生の進路の移行に関する問題点を指摘する記述がまとめられた。大学に入ってから学生に対するキャリアガイダンスを行うのでは遅く、高校段階までの職業意識啓発が重要であると指摘する意見や、短大や専門学校に特有のキャリアガイダンスの難しさについて指摘する記述もみられている。

〈記述例〉
・高校までのキャリアガイダンスが、人生、長い将来をみすえた上でのものになっているというよりも大学受験とその進路の対策になっていないか。大学選択が長い人生と職業を考えて選択しておらず、とりあえず、入れそうな学科に入るというパターンが見受けられる。（大学）
・職業観教育を大学で行うことが問題である。中学、高等学校と将来を選択するタイミングまでに身に付けておくべきことである。大学は将来、その職業、その道に進むための機関であるはずが、そこで「キャリアデザイン」いう言葉にのっとって専門教育を押しのけて、将来設計の授業をすることに合点がいかない。早い段階での「将来設計」を行い、大学選択をする従来の環境に

戻ることがよいと思う。（大学）

・キャリア支援に関する情報は「大学等」という括りで提供されることが多いが、内容からすると対象になっているのは四年制大学であることが多いように感じられる。短期大学には合致しないこともあるので、多少対応に苦労する。短期大学の特性に合わせた情報の提供がなされると幸いである。（短大）

・良い就職先を紹介したり就職活動のテクニックを教えても積極的な学生は就職できますが、全員が職に就くことは不可能になりました。それは就職したくないので専門学校に行く、大学には難しそうだから専門学校に行く、大学は卒業したが就職が決まらないので専門学校に行くなど、専門学校を卒業後に働くことをイメージしないで入学してくる学生が目立って増えているからです。働きたくない人、働かなくてもよい人、責任がなく自分のペースを優先する人、今だけしか考えない人に「キャリアについて考える」「就職先を考える」などを理解してもらうには、個別対応などとにかく時間がかかります。「キャリアについて」「仕事について」の中学・高校での指導が必要だと感じています。本校学生で自分の親の仕事先や仕事内容を知らない学生がとても多いからです。それだけ仕事が身近に無いということではないでしょうか。（専門学校）

e．現行プログラムに関する記述

ここには、就職課・キャリアセンターが提供する種々のプログラムが抱える問題点を指摘する記述がまとめられた。学生を就職させたいという気持ちはあり、それに向けた就職指導は必要であるとは感じるが、その一方で社会人として送り出した後の学生をイメージした支援のあり方、一人ひとりの学生に向き合う支援の必要性を述べているものもみられた。

〈記述例〉

・個人的には、大学教育と就職支援は一線をひくべきだと思う。低学年時は勉学や課外活動にのびのびと取り組んでほしい。「キャリア教育」という「枠」に閉じ込められることで、就職ばかり意識した面白みのない学生は育ってほしくない。（大学）

・キャリア教育と就職支援は、本来別に行うべきであると考える。組織や人的問題があるので難しいが…。(大学)

・現状の就職活動は、就職業者やネット情報などの、学生にとっては間接的な情報量がかなり多くなっている。各学校ごとに、自校の学生の特徴や就職実績を生かした「その学校の学生に合わせた」キャリアガイダンスや就職支援を充実させるとよいと思う。(大学)

・個々の学生としっかり向き合う時間が必要であると感じる。両者の気持ちに焦りがあり、就職したい、させたいに急ぎすぎているように感じられる。もう少し、社会人になることを大きくとらえて、「どの様に生きていくか」を学ばせたい。(大学)

・一人ひとりの学生に対する細やかな支援を充実させたい。(大学)

・入職後の離職要因(教育と現場のギャップ、リアリティショック、精神的な未熟さや弱さ等)の解消に向けた教育活動が求められていると思います。(大学)

・就職活動の方法論については充実しているが、実際の会社・仕事に直接触れる機会が少ない。(大学)

・形式ありきでなく、学生の実態・ニーズにあった内容での実施継続が必要。(短大)

　以上、各カテゴリーの記述例をみてきたが、どのような内容が多かったのかをみるためのひとつの目安として、学校種別に5つのカテゴリーに分類されたコメントの割合を**図表Ⅰ-2-14**に示した。1つの学校からのコメントで

図表Ⅰ-2-14　各カテゴリーに分類された記述の割合(%)

	「特になし」以外の記述計		学生		スタッフ		連携		制度		現行プログラム	
	度数	%	度数	%	度数	%	度数	%	度数	%	度数	%
大学	191	100.0	97	50.8	16	8.4	39	20.4	11	5.8	64	33.5
短期大学	62	100.0	23	37.1	8	12.9	13	21.0	3	4.8	23	37.1
高等専門学校	21	100.0	4	19.0	4	19.0	4	19.0	2	9.5	9	42.9
専門学校	35	100.0	19	54.3	5	14.3	2	5.7	5	14.3	9	25.7
合計	309	100.0	143	46.3	33	10.7	58	18.8	21	6.8	105	34.0

複数の問題点を指摘するものもみられたが、そのような場合は記述内容に従い、それぞれのカテゴリーでカウントされている。**図表Ⅰ-2-14** においてカテゴリーごとに示された割合（％）は、記述計に対する各カテゴリー別の記述の割合を示している。

　多くの記述が寄せられた大学からのコメントは、学生に関するものが半数近くを占め、3割程度が現行プログラムに関するもの、次が連携についてのコメントとなった。短大に関しては、学生と現行プログラムに関するコメントが同じ割合で、次が連携に関する内容だった。高専と専門学校の記述は件数そのものが多くないので参考程度ということになるが、まず高専では、他の学校種と比べて学生に関する記述は少なく、最も多かったのは現行プログラムに関する記述となっていた。専門学校からの記述数は、内容をみると学生に関するものが最も多く、次が現行プログラムに関する記述となっていた。

　なお、高等教育課程での就職支援の課題については、全国の大学、短大、高専に対して実施されている、日本学生支援機構による「大学等における学生支援の取組状況に関する調査」（2017）においてもみることができる。この調査では「キャリア教育・就職支援に関する課題」として24項目を用意し、該当項目を複数回答可で選んでもらっているが、選択率を上から順にみていくと、大学では「学生の就職・就職活動に対する意欲・意識」が最も高く57.0％、次が「学生の基礎学力」（53.6％）、「学生の自己理解・自己管理能力」および「複数の内定を獲得する学生と、内定の決まらない学生の二極化」が52.5％で同率であった。短大においては「学生の基礎学力」が最も高く72.7％、次が「学生の就職・就職活動に対する意欲・意識」で67.4％、「学生の自己理解・自己管理能力」が61.5％となっている。高専では「学生の人間関係形成・社会形成能力」が63.6％、「学生の就職・就職活動に対する意欲・意識」（56.4％）、「学生の自己理解・自己管理能力」（50.9％）となり、学校種共通に高かった項目として、「学生の就職・就職活動に対する意欲・意識」、「学生の自己理解・自己管理能力」が挙げられている。「学生の基礎学力」に関する選択肢は本研究では検討されていないが、本研究での現在あるいは中長期的にみた重点課題の問いに対する「低学年からのキャリアに対する意識づけ」の選択率の高さと日本学生支援機構による調査の「学生の就職・就職活

動に対する意欲・意識」の重視度の高さは、就職に向けた学生の意識づけが重視されているという点で共通するものとみることができる。また、大学における「複数の内定を獲得する学生と、内定の決まらない学生の二極化」の選択率の高さは、本研究での自由記述において指摘されていた内容と一致するものであった。

6　まとめ

(1)　各学校の就職支援の目標ときめ細かな支援メニューの提供

　本章の目的は、卒業後の就職率が年々高まっている状況の中で、就職課・キャリアセンターの支援としてどのような内容が実施され、課題としてはどのような問題があるのかを検討することであった。そこで、大学、短大、高専、専門学校の就職課、キャリアセンターに対するアンケート調査の結果を中心に、高等教育課程で行われている就職支援、キャリアガイダンスの内容、支援担当者の学生に対する認識、課題等をみてきた。

　調査結果が示しているように、行われている支援の内容をみてみると、集団的な支援にしても、個別的な支援にしても、様々なメニューが用意され、きめ細かな支援が実施されていることがわかる。大学生の就職が低調だった時期があって以来、大学の評価にかかわるひとつの指標として、卒業後の就職率も重視されている近年、卒業生の就職率を高めるための大学としての積極的な取り組みは新入生を確保するためのひとつの重要な課題となっているのであろう。

　なお、支援の目標や目指している方向については、卒業後の進路が多様である大学や短大と、卒業後の進路の方向が入学時からある程度絞られている高専や専門学校で、若干の違いがあることが示唆されている。大学や短大においては、学生に対する早期からの職業意識啓発や就職に対する意欲を高めることが重要な目標となっており、そのためには、就活の仕方、エントリーシートの書き方、面接訓練等ともに、自己理解のための検査なども積極的に実施されているし、職業情報の提供も、多くの職業への意識づけや理解を促進する効果が期待されている。

　他方、高専や専門学校においては、大学や短大と同じく、就活の仕方など

の一般的なガイダンスの実施率は高いが、自己理解や就職への意識啓発に向けた情報提供よりは、具体的な業界、企業情報の提供やエントリーシートの書き方、面接対策などの就職試験に向けたノウハウに関する情報提供が多く実施されている。高専、専門学校では大学、短大に比べて、卒業後の就職に直結するような、より実践的な支援やサービスの提供が意識されているようである。

(2) 就職に意欲をもてない、あるいは就職が困難な学生に対する支援の必要性

　以上を踏まえると、早期からの職業意識啓発に向けた働きかけが必要という認識はあるものの、近年は就職率も良く、高等教育課程の就職支援はおおむね順調で、若者の就職という大きな視点からみれば特段の問題はないといえるかもしれない。

　ところが、本章で紹介したいくつかの設問に対する回答において気にかかる点は、"就職が難しい学生への支援"という課題が繰り返し示されていることである。例えば、"個別相談において対応が難しい項目"では、"一般学生と同じ流れでの就職が難しいと思われる人の相談"が"メンタルヘルスに関する相談"と並んで上位項目となっている。さらに、従来と比較したときの近年の学生の変化について評価してもらった回答では、学生全体の職業意識についての評価が以前よりも"高くなっている"と、ポジティブな方向に評価されているのに対して、"通常の就職活動が難しいと思われる学生の割合"については、"増えている"というネガティブな方向での評価傾向も少なくなかった。近年の重点課題についても、"低学年からの意識づけ"、"就職課、キャリアセンターの利用促進"という意識啓発に関する課題のほかに、"就活意欲の低い学生や就職困難な学生への呼びかけやアプローチ"という項目の重視度が高くなっており、自由記述に関しても、就職に向けた意識が高くスキルアップした学生と、意識が低く就活に出遅れてしまう学生の二極化への指摘もみられている。これらから推察されるのは、就職課やキャリアセンターの様々な情報提供や支援のサービスを受けて、就職に向けて自律的に活動できる学生がいる一方で、何らかの理由で就職に意欲をもてなかった

り、就職困難に陥っている学生がおり、彼等に対する支援が就職課、キャリアセンターの課題となっているということである。

(3) 就職が難しい学生に対する支援のあり方

　それでは、就職課、キャリアセンターの担当者からみて就職が難しい、個別の支援が必要と感じられる学生に対してのサポートや支援はどのように行われているのだろうか。アンケートにおいて示されていたのは、主に"個別相談"の重要性や、学内の他の部署、公共職業安定所等の学外の施設、保護者等との連携によるサポート体制の強化の重要性であり、具体的な支援の方法を知ることはできなかった。そこで、一般的な就職活動の流れを整理した上で、就職が難しい学生への指導、支援のあり方について考えてみたい。

　就職指導やガイダンスの一般的な流れをみてみると、大学の場合、3年生の4〜6月に実施される就職希望者全体に向けた就職ガイダンスがスタートであり、就職ガイダンスでの情報提供を受けて、多くの学生は就職活動の概要を知り、それぞれに活動を始めることになる。意識の高い学生の場合、就職課、キャリアセンターからの情報提供とは別に、独自に調べてインターンシップなどの就活の準備を始めていることもあるが、多くの学生は、就職ガイダンスによる情報提供を受けて、自己理解セミナー、企業・業界研究セミナー、面接対策セミナー、エントリーシートや応募書類の書き方セミナー等の個別のセミナーに参加し、就職活動の流れに入っていく。そして、自分が応募したい企業や業界を決めて書類を提出し、選考を経て、内定を獲得するというプロセスをたどる。

　以上のような就職活動のプロセスにおいて、学生がたどる道筋と目標を次のように整理してみた。すなわち、①就職を意識し、就職するという意思を固め、就職活動の方法を理解すること、②自己理解や職業理解を深め、業界や企業等の情報に基づいて具体的な応募先についての方向を定めること、③採用選考に必要な準備を進め、計画をたて、採用選考に求められる具体的な知識、スキル、ノウハウを習得すること。④採用選考において求められる知識、スキル、資質を発揮し、内定を獲得することである。また、それぞれの段階で就職課、キャリアセンターから提供される一般的な支援メニューの対

図表Ⅰ-2-15　各就職活動の段階で提供される就職支援のメニュー

就職活動の流れと目標	一般的な支援メニュー
①就職を意識し、就職するという意思を固め、就職活動の方法を理解すること。	就職ガイダンス、各種の支援メニューに関する情報提供。
②自己理解や職業理解を深め、業界や企業等の情報に基づいて、具体的な応募先についての方向を定めること。	自己理解のための適性検査・ツールの実施。職業、企業、業界についての情報提供。インターンシップの機会の提供。卒業生の紹介。個別相談。
③採用選考に必要な準備を進め、計画をたて、採用選考に求められる具体的な知識、スキル、ノウハウを習得すること。	エントリーシートの書き方、面接対策、ビジネスマナー等の習得機会の提供と指導。就職試験対策講座・採用選考の模擬試験の実施等。個別相談。
④採用選考において求められる知識、スキル、資質を発揮し、内定を獲得すること。	就職の途中経過の報告を受け、アドバイスを与える。必要に応じて求人情報を提供する。

応をまとめてみた（**図表Ⅰ-2-15**）。

　就職に困難を抱える学生は、このプロセスのどこかの段階で流れに乗れなかったり、流れからはずれてしまったり、とどまってしまっていると考えられるが、一般に、就職課、キャリアセンターが学生に対して支援を行う場合、それぞれの段階に焦点を合わせたメニューや内容が提供されているようである。

　例えば、①の段階は就職に向けた意識、意欲をもつことが目標となるが、この段階に対応して行われるのは就職ガイダンスであり、意識の低い学生はガイダンスに参加したり、就職活動に向けた積極的な意思表示をしない場合も多い。そこで、まずは就職ガイダンスへの参加、キャリアセンターへの来室、就職希望の登録を呼びかける、ということが具体的な対応となる。なお、就職課、キャリアセンターの場合、学生が自発的にセミナーに参加したり、来室しない限り、学生と直接連絡をとる機会がもちにくいため、指導教員を仲介して学生と連携をとったり、保護者に情報提供をするなどの方法も考えられており、この点についての指摘は課題の解決に向けた自由記述の提案の中にもみることができる。

　②の段階は、自己理解や職業理解に基づいて志望を決定することが目標となるが、特に企業や各種業界についてはインターネット等を通して多くの情報が溢れている中で、自分自身の方向性を決められないまま時間が過ぎてしまうという学生もいる。また、具体的な就職先の選定の段階では、自分のやりたいことと現実とのすりあわせを行い、調整して意思決定していかなくて

はならないが、それがうまくできない学生の場合、方向性を見失い、行動できなくなってしまうケースや、思い込みによる不適切な行動に走るケースも少なくないため、適切な指導、ガイダンスを行うために個別相談による個々の学生の意識や資質の把握と指導が必要になるだろう。なお、この段階で一般に提供されている支援メニューのひとつとして、自己理解のための適性検査等があり、多くの学校では集団場面で業者によって実施されている。しかし、就職が難しい学生の場合には、集団的に実施され、業者によって採点された結果を本人に返して読んでもらうだけでは意味がなく、職員が学生の検査結果を読み込んで現実の就職に結びつけるためのアドバイスを行う等の個別的支援が有効である。そのためには検査の解釈に関する知識とスキルが求められるが、職員の専門性を高めるための研修や学習の機会を増やしたりするほか、職員だけでの対応が難しいようであれば、外部の専門家の手を借りるという方法もあるだろう。

　③の段階は、就職活動に向けた具体的な準備とスキルを整えていく時期であるため、学生自身に意欲を維持してもらうためのサポートと、採用選考に向けた丁寧かつ具体的な指導が必要になる。学生によってはエントリーシートの書き方がわからなかったり、書いたとしても内容に不安を感じているケースや、面接やグループ討議などを苦手とし、就職活動に対して気後れしているようなケースもあるので、そういった点での困難を取り除くための支援が必要となる。この段階の支援とサポートについては、外部の専門家の力を借りている学校も多いようである。

　④の段階においては、求人に応募し、就職活動を継続していく意思を保つことと、採用選考場面で自分の能力や資質を発揮し、内定を得ることが目標となる。選考での不採用が続いてしまったり、自分の希望した会社に入れなかったりすると、就職活動に向けた意欲が減退する場合もあるが、この段階での意欲と行動が停止しないよう、学生と定期的に連絡をとり、状況を把握しておくこと、外部機関と連携し、学生の希望に合うような求人を紹介してもらうなどのサポートが有効になるようだ。

　以上、就職活動の段階に沿って、学生に対する支援のあり方をみてきたが、これは就職を希望する学生全体に対する支援としても行われていることであ

り、就職が困難な学生の場合には、このような内容の働きかけ、情報提供、相談をより丁寧に、注意深く実践していく必要がある。なお、アンケート調査の中で、就職課、キャリアセンターが慎重な対応が必要として注意を向けている"通常の就職活動が困難と思われる学生"あるいは"一般学生と同じ就活の流れが難しいと思われる人"については、具体的にどのような状態の学生を意味するのかということと実践されている支援の内容を明確にすることができなかった。この点については、アンケート調査の回答校のうち一部の大学に実施したヒアリング調査の中で検討されている。その詳細は**第Ⅱ部第3章**を参照していただきたい。

(4) 残されている検討課題

　高等教育課程の就職支援、キャリアガイダンスにおいては、多くの学生が職業意識を高め、就職に取り組んでいく中で、就職に困難を抱える学生がいることと彼等に対する対応が課題となっていることを述べたが、このほか、本章で扱っていない検討課題として、学校の属性による就職支援の取り組みの違いがある。

　本章では、大学、短大、高専、専門学校という学校種別の支援やガイダンスの違い等については紹介したが、例えば設置者としての国公立と私立の違いや、就職率、学校規模、大都市圏かそれ以外の地域の学校か等、所在地の条件による違いなどによって、支援内容や課題となっている点に違いがみられるかどうかも検討する必要がある。

　アンケート調査の対象校のうち、高専、専門学校についてはサンプルサイズが限られているので、属性を細かく分けて検討する手続きを踏むことにあまり意味はないかもしれないが、大学や短大等においてはある程度、まとまった数のデータがあるので、属性に関する比較検討が可能である。

　特に、卒業生の就職率や学校の規模については重要な指標であると考えられ、調査シリーズにおいては、大学のみを対象として特徴別分析が行われた。すなわち、卒業時の進路未決定者率によって全体を低群、中群、高群に分け、他方で、規模としては学生の人数により小規模校、中規模校、大規模校に分けて、それぞれの就職支援やガイダンスのあり方、学生に対する認識がどの

ように違うかが検討された。このような観点も含め、様々な角度から高等教育課程における就職支援とキャリアガイダンスの現状をとらえ、特に、就職が難しい学生が生じてしまう背景やそういった学生に対する具体的で有効な支援について探索していくことを今後の課題としたい。

【引用文献】

ジョブカフェ・サポートセンター（2009）ジョブカフェにおけるキャリア形成支援／就職支援についての調査結果報告書　財団法人企業活力研究所内　ジョブカフェ・サポートセンター

三菱 UFJ リサーチ＆コンサルティング株式会社（2011）キャリア・コンサルティング研究会報告書　三菱 UFJ リサーチ＆コンサルティング株式会社

日本学生支援機構（2011）大学・短期大学、高等専門学校における学生支援の取組状況に関する調査（平成 22 年度）集計報告（単純集計）　日本学生支援機構

日本学生支援機構（2014）大学・短期大学、高等専門学校における学生支援の取組状況に関する調査（平成 25 年度）集計報告（単純集計）　日本学生支援機構

日本学生支援機構（2017）大学・短期大学、高等専門学校における学生支援の取組状況に関する調査（平成 27 年度）集計報告（単純集計）　日本学生支援機構

労働政策研究・研修機構（2014）大学・短期大学・高等専門学校・専門学校におけるキャリアガイダンスと就職支援の方法—就職課・キャリアセンターに対する調査結果—　JILPT 調査シリーズ No.116　労働政策研究・研修機構

第 Ⅱ 部

若年就職困難者に対する支援と
キャリアガイダンス

大学キャリアセンターにおける支援の実態

深町　珠由

1 本章の目的

　18歳人口が1992年の約205万人をピークに減少する中で、2016年には高等学校卒業者の大学等への進学率は54.7％（文部科学省「学校基本調査」）となり、現在、高校卒業者の半数以上が大学等に進学する時代となった。とりわけ四年制大学への進学に限定すると、1990年に17.8％だった四年制大学への進学率は2016年には49.2％に上昇しており、現在では「大学等」進学者の9割近くが四年制大学への進学を意味している。

　進学先の大学においては、低学年次からのきめ細かいメニューによる就職支援がなされている学校も多い一方で、先の**第Ⅰ部第2章**の調査結果に示されているように、就活も含め、意欲の高い学生とそうでない学生の二極化に課題を感じるとの職員の指摘もあり、学生の多様化と対応の困難さへの懸念が広がっているとみることもできる。実際に、大学中退者についてみると、2014年に文部科学省が実施・公表した調査結果によると全学生数の2.65％にあたる約8万人弱おり、うち「経済的理由による中退」が20.4％と最多だが、転学（15.4％）、学業不振（14.5％）を理由とする中退も依然として一定の割合を占めていることも明らかとなっている（文部科学省報道発表資料『学生の中途退学や休学等の状況について』）。そのような大学進学者にとっては、高校時代あるいはそれ以前からの進路指導やキャリアガイダンスが奏功せずに、大学入学後の意欲の減退や学業不振につながっている可能性もある。

　このように多様な学生を抱える大学にとって、支援にあたる職員数は十分に足りているのだろうか。**第Ⅰ部第2章**で報告したアンケート調査の中で、就職課またはキャリアセンター（以下、キャリアセンター）の職員数（常勤、非常勤を含む）を尋ねた項目があった。大学に限ってみると、「4～5名」の職員数で就職支援を行う学校が最も多く、大学の回答校全体の26.9％を占めて

いた（JILPT 調査シリーズ No.116，2014 年，p.102）。次に多いのが「2〜3 名」
で 18.7％であった。一方、短期大学、高等専門学校、専門学校では「2〜3 名」の
職員数就職支援を行うのがそれぞれ最多であった（それぞれ 29.7％、34.7％、
37.3％）。しかし、一般的に学校種の中では大学の学校規模が比較的大きい
ことを考慮すると、大学ではかなり限られた職員数で就職支援を行っている
現状がうかがえる。さらに、キャリアセンターは学内の一組織であり、ハロー
ワーク等の一般的な若年者就職支援機関とは異なり、来室する学生への支援
だけでなく、キャリアセンターを利用しない学生に対しても来室を呼びかけ
るなど、全学生への就職支援を行う責任がある。そして、支援の過程で発達
障害や何らかの精神疾患の可能性が感じられる学生への対応が必要となった
場合、キャリアセンターの職員だけですべてに対応することは難しいと容易
に想像されるし、学内の他部門の教職員や専門家の協力も必要となるだろう。
このように、限られたリソースを駆使しながらも、大学の就職支援の現場で
はどのような対応がなされているのだろうか。特に、就職困難と感じられる
学生にはどのような特徴があり、どう対処しているのか。また、教員や他部
門、専門家からどのような協力を得ながら支援を行っているのだろうか。**第
Ⅰ部第2章**では、就職支援における近年の重要課題として「教員の協力や連
携が必要」という自由記述の回答が繰り返しみられたが、実際のところ、ど
の程度までの協力や連携がなされているのだろうか。その実態に迫ってみた
い。

　労働政策研究・研修機構では、**第Ⅰ部第2章**の元となった「大学・短期大学・
高等専門学校・専門学校におけるキャリアガイダンスと就職支援の方法—就
職課・キャリアセンターに対する調査結果—」（JILPT 調査シリーズ No.116,
2014 年）の結果を受けて、調査回答校から一部の大学（文系学部を擁する私
立大学）を選定し、就職困難な傾向を示す学生の実態とその支援に関するさ
らなる情報収集を目的として、キャリアセンターに対するヒアリング調査を
実施した。その結果は「大学キャリアセンターにおける就職困難学生支援の
実態—ヒアリング調査による検討—」（JILPT 資料シリーズ No.156，2015 年）
に詳しくまとめられている。

　本章では、当資料をベースとして、文系学部を擁する大学のキャリアセン

ターでの就職支援の実際と、集団支援からこぼれ落ちた学生に対する支援の方法、特に、卒業までの就職決定が困難な傾向を示す学生の特徴と支援のあり方について、ヒアリング調査から得られた知見をもとに考察する。

2 調査方法の概要

(1) 調査の目的

本ヒアリング調査は、大学キャリアセンターにおける就職支援の実態を、前述のアンケート調査結果を踏まえて、質的な面からの情報収集を行うことを目的として企画・実施された。

ヒアリング調査は調査校数に限界があるため、調査対象校の選定に偏りがないよう配慮する必要がある。本調査では、学校規模や進路未決定者率において多様な特徴をもつ大学を選定するよう留意するとともに、全対象校で共通にみられる就職支援の実態を明らかにすることを目的とする。

(2) 調査の方法

調査対象校は以下の基準で選定された。前述のアンケート調査の大学の回答分（459校）のうち、自由記述欄に回答があった大学（195校）または「一般学生と同じ流れでの就活が難しい人の相談への対応が難しい」と回答した大学（246校）を一次対象校として絞り込んだ（327校）。次に、学校規模（学生数）を元にした3群（大・中・小規模校）[1] × 進路未決定者率の3群（未決定者率高・中・低群）の全9セルに割り当てた。そして、各セルから2校をヒアリング先として選定したが、最終的に絞り込んだ条件は①（当アンケート調査で全大学数の7割以上を占めていた）私立大学であること、②学部構成が特殊進路中心の学部（例：医薬看護系、工学系のみ等）で構成されておらず、人文系学部のみ、あるいは人文系学部を必ず含むこととした。②については、日本での一般的な就職状況として、大学での専門分野とは直接関係のない一般企業への就職者が多く、したがって専門性と就職先との関連性が

1　大学における全回答校から、学生数を基準として規模別にほぼ等分となるよう3群に分けたところ、小規模校群（学生数1,136人以下）が151校、中規模校（学生数1,137～3,782人）が151校、大規模校（学生数3,783人以上）が151校となった。

94

明瞭でないことから就職決定までの困難を抱えやすい学生が多く存在することが予想され、そのような条件を満たす大学を調査対象候補とした。

　以上の条件に加えて、大学所在地が都市部か地方かという立地面のバランスを考慮し、各セル2校ずつ18校を選定し依頼を行った。最終的に、大規模校群で進路未決定者率の低群校での依頼が1件にとどまったため、全17校に対し調査を実施した。

　調査の実施方法は、調査の枠組みを簡単に示した紙の質問票を学校に事前に送付し、その内容に基づいて後日ヒアリング調査を行った。回答者は、キャリアセンターでの支援の実態を日常的に把握している職員を中心とし、可能な場合には教員にも回答を依頼した。結果として、全17校で合計34名の教職員から聞き取りの機会を得た。教員と職員が同席してヒアリングに応じるケース、別々に応じるケース、一部の項目が文書で回答されるケース等もあった。調査時間は全体で1時間30分〜2時間30分程度であった。

　本調査は2014年9月〜2015年1月に実施された。

(3) 調査の枠組み

　調査分野は主に次の6分野であった（**図表Ⅱ-3-1**）。（1）キャリアセンターでの一般学生に対する就職支援の方法、（2）就職困難と感じられる学生の現

図表Ⅱ-3-1　ヒアリング調査の枠組み

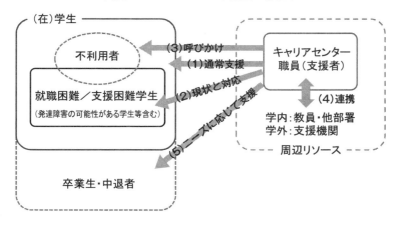

状と対応、(3) キャリアセンターを利用しない学生への連絡や対応、(4) キャリアセンター以外のリソース（学内・学外）との連携状況、(5) 未就職卒業者・早期離職者・中退者への支援状況、(6) その他（支援に関する様々なエピソード）、であった。調査結果は、オリジナルの報告書（JILPT 資料シリーズ No.156, 2015 年）に詳細が掲載されているが、本章では特に就職困難学生への支援状況について絞り込み、(2)、(3)、(4)、(5) を中心に結果を報告する。

3 就職困難と感じられる学生の現状と対応

(1) 支援者目線による就職困難学生の特徴

　キャリアセンター職員からみて、就職に時間がかかると思われる学生（ただし、発達障害や精神疾患等の傾向が感じられる学生など、特別な配慮が必要となるケースは含まない）の特徴を、多くの回答が集まった順に整理した（図表Ⅱ-3-2）。ただし、各特徴はそれぞれ排他的に存在するわけではなく、これらの特徴が複合的に表れる例も多く聞かれた。

図表Ⅱ-3-2　支援者からみた就職困難学生の特徴

①自己流の判断による困難
・自己理解不足、進路適性わからず一貫性のない応募
・こだわり・視野の狭さ
・就職活動の方法に対する理解不足
・仕事理解不足・誤った仕事理解
・現状認識の誤り（のんびり、誤った自己像の思い込み）

②コミュニケーション上の問題
・コミュニケーションが苦手、会話ができない、挨拶できない
・アドバイスを聞く耳を持たない、素直でない
・笑顔がない、孤立した印象がある
・コミュニケーションがスムーズでなく、違和感がある

③不活発・無気力
A：無気力、動き出しに時間がかかる（モラトリアムを含む）
・会社等とコンタクトを取ることを躊躇
・就職への意欲・意思が不明確（本気でない）
B：不利用・不登校のため行動を把握できない
・非来室、就職支援行事への不参加（サービス不利用）
・学校に来ない（ゼミに欠席）、連絡不通

    C：社会との接点が希薄
      ・お金を使わない日常生活に満足（現状に満足）
      ・社会（人、企業等）と接触することへの関心が薄い

④親子関係、親の態度による困難
  A：親の価値観に押し切られて子が意思決定できない
    ・親の意向が強い（大企業志向、地元志向）
    ・子の意向を親が否定（内定を断らせてトラブルになる）
  B：親の態度が子の就職活動にマイナス(放任等)
    ・就職に関する話を一切していない（子に遠慮）
    ・就職できなくてもよいと親に言われる（生活に困らない）

⑤依存傾向、自主性欠如
  ・入学目的が不明瞭、希薄
  ・自力で決断できない
  ・職員に依存（書類の書き方、トラブルを職員のせいにする、
    良い求人を受け身で待つ、手厚いサービスを勘違いして利用）

⑥社会経験の希薄さ
  ・サークル、アルバイト等の学外活動の経験がない
  ・継続した取り組みが少ない（短期アルバイトを転々等）
  ・特殊なアルバイト経験のみ（一人で完結する仕事）

⑦（応募書類に書けるような）アピール材料がない・少ない
  ・特筆できるような経験がない（特技、継続した取り組み等）
  ・応募書類に特筆できるような学業成績を収めていない

⑧自信喪失、劣等感
  ・自分に自信がない態度、悲観的態度
  ・自己PRを作る際に劣等感が出やすいケース

⑨学業不振
  ・卒業に必要な単位不足による就職活動開始時期の遅れ

⑩その他
  ・生活苦のためアルバイト時間が長く、就職活動する時間がない
  ・障害の可能性が感じられる事例（アドバイスが理解できない等）

①　自己流の判断による困難

　最も多くの回答が集まったのは、学生自身が就職活動において自己流の誤った判断をしたために就職活動が順調に進まず困難に陥るケースであった。これには様々なパターンが含まれる。

　自己理解不足による困難には、自分の向いている進路が分からず、業種・職種に一貫性のない応募を繰り返すケース等がある。こだわり・視野の狭さによる困難では、業界研究や職業研究が不十分なまま特定の業界や職種

（例えば、航空業界のみしか受けない等）に本人が強いこだわりをみせたり、就業地域（地元等）に強くこだわるケースがある。就職活動の方法に対する理解不足による困難とは、会社説明会に全く行かないのに入社試験だけ受けるといった、就職活動の慣例に従わずに誤った方法で就職活動を行うケースや、自己PRの書きぶりが自己流で、読み手に向けた内容になっていないケース等がある。仕事理解不足や誤った仕事理解による困難とは、在学中のアルバイト経験で新卒の初任給以上の収入を得てしまったことで、正社員になるための就職活動への意味を見いだしにくくなったケース等がある。現状認識の誤りによる困難とは、就職状況が良くなったというニュースに接して安心し、就職活動に遅れがちになること等がある。

◆ *就活方法に対する理解不足に関する事例* [2]

「会社説明会に全く行かないという学生も中にはいる。それなのに入社試験だけは受ける。そのようなやり方は間違っているので、きちんと順序を踏むよう、就活支援行事等で指導するのだが、理解不足の学生もいるようだ。就活支援行事に参加してくれればいいのだが、おそらく参加しない学生がそのような誤った行動をとるのだろうと思う。自分の思い込みで自分流に進めようとする傾向がある。…」

このように、学生が自己流の判断で就職活動を進めて失敗する（あるいは一時的に困難に陥る）背景には何があるのだろうか。ここでは主に２つの可能性が考えられる。一般に、高等学校卒業からそのまま大学に進学した一般的な大学生には社会人経験がなく、就職活動自体も初めてという場合が多い。ひとつは、そうした経験不足が、就職活動での判断自体に誤りを起こしやすいこと（そもそも就職活動に関する「経験不足」という認識を本人がもっていないこと）である。もうひとつは、日本社会における新卒一括採用というシステムにおいて、各企業の大卒求人募集と採用の時期が計画上ある程度決まっているために不可逆性があり、学生自身がいったん判断を誤ると、希望する業種や企業での募集が終了してしまうなど、受験のチャンスを逸しやすい危険性があり、その結果、困難に陥りやすい側

2　本書では、このような形式で、ヒアリング調査で得られた実際の回答内容を紹介する。

面があることである。

②　コミュニケーション上の問題による困難

　次に多くの回答が集まったのは、コミュニケーション上の問題である。学生本人がコミュニケーションを苦手とし、笑顔がなく、会話や挨拶がスムーズにできないといったケースが多く聞かれた。この場合、第一印象が重要となる企業の面接場面では苦労や困難が予想される。ただし、コミュニケーションを多用する授業等で長期間にわたって訓練されると、その効果が現れてきて、徐々に改善するという回答もあった。

　一方で、本人の性格上の問題（強いこだわり等）から、職員のアドバイスを心情的に受けつけず、個別相談でのコミュニケーションが成立しにくいケースも聞かれた。その場合、学生本人が今後のキャリアセンターを利用拒否する可能性もあり、本来必要としている就職支援を受けられなくなる可能性もある。

> ◆ アドバイスを聞けない学生の事例
> 「素直にアドバイスが聞けない学生はさらに就活が難しい。いわゆる社会人基礎力から遠ざかるようなタイプの学生である。素直さは大事だと思う。職員がアドバイスする際に、本人が強情だったり、自分で素直に受け入れられず他人のせいにする学生は、就活を進めることが難しい。…」

③　不活発・無気力による困難

　不活発・無気力による困難は、主に次の3種類の学生層に整理される。ひとつは、本人の就職への意思が明確でなく、就職活動の動きだしが全般的に遅い傾向にある学生層である。第二に、そもそも大学を欠席しがちであったり、就職支援行事に不参加であるため、キャリアセンターで動向を把握できず、その結果不活発にみえる学生層である。キャリアセンターの呼びかけとは関係なく独自に就職活動している可能性もあるが、学校を欠席がちで、ゼミ教員からの連絡も取りにくい場合は、不活発の可能性も高いと考えられる。第三は、全般的に社会との接点をもつことへの関心が低いまま学生生活を過ごしている学生層である。就職活動で、積極的に企業

ヘアプローチをしなければならない場面に対応できず、活動が全般的に遅れがちになる傾向がある。

   ◆ 社会との接点が希薄な学生の事例
    「全く就職活動をしていない学生もいる。典型的なタイプとしては、一人暮らしで親と離れて暮らしている（会話がない）、サークル活動も不活発、友人ともこのような話をしない（したがって次第に周囲から孤立傾向になりがち）という傾向がある。将来についての話題に触れたがらない（避けようとする）傾向にある。アルバイトをしている学生もいるが、人とかかわる仕事よりは、一人で完結する仕事をしているケースも多い（コンビニのレジなど）。…」

④ 親子関係、親の態度による困難

  学生の親子関係や、親の態度が原因となっている就職困難も報告されており、大きく2つの特徴に分かれる。

  ひとつは親の価値観や意向が強すぎて子が逆らえないケースである。進路決定は子の人生にとって重要な意思決定場面のひとつだが、親の意向（例：大企業志向、地元志向）に逆らえない、あえて親と対立してまで自分の進路を押し通しても仕方がないと考える傾向が見受けられる。子が親から精神的に独立していないことも背景にあると考えられる。親元から離れて進学していた子が、内定取得後に親に報告したところ、親が反対し、トラブルとなるケースもある。

   ◆ 親の強い価値観によるトラブルの事例
    「親の影響がちらつく学生は苦戦する。特に男子学生と母親という組み合わせは、母親が過保護な傾向がある。父親の影響が強い場合は、子が委縮するケースもある。親がこういう企業に行きなさいという価値観を押し付ける場合もある。親に対して物言える学生ならよいのだが、希望を言えない学生は大変である。以前、社会福祉系の学生で、社会福祉の方面で内定が出たのだが、母親が金融系に行かせたくてその内定を断らせ、本人が泣きながら就活を続けたという例があった。大学までは子の希望に沿って進学させたのだから、就職だけは別だというのが親の意向だった。…」

  もうひとつは、親の態度が子の就職活動を後押ししない（時にはマイナ

スに働く）タイプである。就職活動のことは子に一切を任せてあり、子に
遠慮があって就職に関する話題を持ち出さないようにしている家庭や、す
ぐに就職できなくても生活には困らないので大丈夫と伝えているため、子
が就職活動に本腰を入れにくいケースもある。特に後者は、③で示した不
活発による困難性にもつながりやすい。

⑤　依存傾向、自主性欠如による困難

　依存傾向、自主性欠如による困難には、2つの方向性が含まれる。ひと
つは、現時点での進路決定（大学入学を含む）に対する自主性を欠いてい
るケース、もうひとつは就職支援の場における担当者への対人的な依存で
ある。

　前者については、例えば大学への入学目的が不明瞭であったり、希薄で
ある場合に、卒業後の進路も不明確になりやすく、就職困難につながりや
すいという指摘があった。ほかにも、複数の内定があっても自力で決断で
きないといった、自己決定力が不足している事例も報告された。

　後者については、キャリアセンターで展開される就職支援サービスの手
厚さを学生側が誤解し、応募書類の書き方を一から職員に依存したり、良
い求人が紹介されることをただ受身で待つ姿勢や、就職が決まらないこと
を相手（企業）のせいにする他責的な傾向を指す。卒業後の進路を見いだ
すことや、そのための就職活動はあくまでも本人が主体的に行うべき活動
だが、そのことに気づけない学生が困難に陥りやすいことが報告されてい
る。

⑥　社会経験の希薄さによる困難

　サークル活動、アルバイト経験がない等、大学生の多くが体験する社会
経験が乏しい場合に、就職困難に陥りやすいとの指摘があった。たとえア
ルバイト経験があっても、例えば、短期のアルバイトを転々と経験しただ
けの場合や、一人で完結する仕事で他者との交流がほとんどなかった場合
も社会経験が希薄になりやすいとの指摘があった。

⑦ アピール材料がない（少ない）ことによる困難

　⑥とも関連するが、サークル活動やアルバイト経験等の社会経験が乏しいことは、自己PR等の応募書類を作成する上でのアピール材料の不足につながる。特技がない、継続した取り組みがない、学業上で特筆できるような成績を収めていない、という場合も、応募書類が書きづらく、就職困難に陥りやすいとの指摘があった。

⑧ 自信喪失、劣等感による困難

　本人が自信を失うこと、さらにそれが態度にも表れることが就職困難を招くとの指摘もあった。自信喪失のため就職活動に前向きになれないだけでなく、自己PRを作成する上でも、自分は今まで何も特別なことをしてこなかったという自己否定や劣等感につながる場合もあり、そのような心理状態も困難性を引き起こすとの報告があった。

⑨ 学業不振による困難

　学業不振で卒業に必要な単位が不足し、就職活動自体のスタートが遅れる学生が困難に陥りやすいという報告も得られている。職員の努力でマッチングさせて内定が決まった矢先に単位不足が判明し、困惑するという事例も報告された。

⑩ その他の原因による困難

　その他の原因としては、生活苦でアルバイトを長時間にわたってせざるを得ない学生が就職活動の時間を取れないという事例や、発達障害等の傾向が感じられる事例で職員のアドバイスを学生が理解できなかったり、学生本人が自分の話ばかりして就職支援が進まない事例が報告された。

(2) 配慮、対応の仕方

　就職困難学生の様々な特徴や状況に配慮・対応するための具体的方法は、主に次の3点にまとめられた（図表Ⅱ-3-3）。

　第一の方法は傾聴である。学生本人の話をしっかり聞き、受け止めること

図表Ⅱ-3-3　就職困難学生への配慮・支援内容

①傾聴
・本人の話をじっくり聞く、本人の話の中から整理する
・話をしっかり受け止める

②来室もしくはコミュニケーションのハードルを下げた対応
・就職以外の日常会話で気分をほぐし、信頼関係構築
・学生が自ら話しやすくなるような対応
・課題を与え過ぎない（気楽に来室してもらう）
・問題の核心に切り込み過ぎない
・伴走する気持ちが伝わるような対応

③本人の自覚・気づきを促す対応
・雑談の中で本人のアピール点を自覚させる
・修正すべき態度（例：素直さがない）への自覚を促す
・本人の現状を丁寧に説明し、本人に自覚させる

を基本としながら、本人の状況について共に整理し、支援してゆく姿勢を打ち出すことである。話をよく聞くだけでなく、指示型の対応をしないことも報告されていた。

　第二に、来室しやすくしたり、コミュニケーションしやすくするなどの「ハードルを下げた対応」が報告されていた。例えば本人が特にコミュニケーションを苦手としている場合に、話題の選び方や質問の投げかけ方を工夫してコミュニケーションをしやすくするような配慮をしたり、あるいは、本人が課題を十分こなしておらず、来室をためらう気持ちになりそうだと判断された場合には、その気持ちを和らげて、気楽に来室してもらうような対応をとるとの回答があった。

　◆ ハードルを下げた対応の事例
　　「学生の個性に合わせて支援を行っているが、アドバイザーが、次回はこういう準備が必要という課題を与え過ぎてしまうと、足が遠のく学生もいて、さじ加減が難しい。まだ課題ができていないので行けないと思う学生もいる。やっていなくてもとにかく来ればいいのだが、その点を真面目に考え過ぎるようだ。時には、課題をやっていなくてもいいので一度気楽に来室して、と呼びかける必要もあるのかもしれない。…」

　第三に、本人の自覚や気づきを促す対応をとることである。指示的な対応

をとるのではなく、本人自身が修正すべき点を自覚できるような対応をとると報告された。本人自身が気づいていないアピール点を、支援者の目線から丁寧に説明し、自覚してもらうとの回答もあった。

◆ 本人の自覚や気づきを促す対応の事例
「面接では印象が大事である。能力はありそうなのに印象が素直でない場合は、本人にも自覚がないので修正に苦労する。一方、指摘するとすぐ気付いて直せる学生もいる。相談の場では、基本的には本人に修正点について自覚を促す対応が多い。ただし、時間も限られているので、最後は直接的に指摘することもある。…」

(3) 障害に近い特性をもつ学生への就職支援に関する課題整理

次に、一般の学生ではなく、障害（発達障害、精神障害等）に近い特性をもつ学生への対応を、キャリアセンターの目線から整理したのが、**図表Ⅱ-3-4**である。そのような学生が来室した場合、キャリアセンターには障害の状況を判断できる専門家がいない。そのため、学内の学生相談室や保健室、ある

図表Ⅱ-3-4　キャリアセンター目線による学生の分類（障害に近い特性の学生）

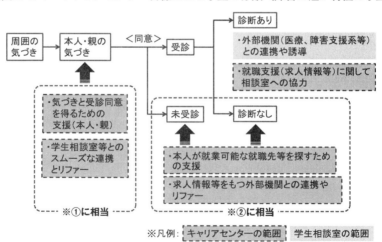

いは学外の障害者支援機関等と連携して対応する必要がある（学生相談室や保健室では、**図表Ⅱ-3-4** にも示されているように、学外の医療機関等との連携や誘導を行っている）。キャリアセンターにおいて学生の就職支援に困難を感じるケースは大きく２つに整理できる。ひとつは、学生本人の周囲（教職員、友人等）は本人の障害に近い特性を認識しているが、本人と親はその特性に気づいておらず、気づきを促すために受診を勧める段階での困難である。本調査の結果によると、この段階で学生相談室や保健室との連携がスムーズにできている大学とそうでない大学があった。もうひとつは、本人の希望にあった就職先や訓練先等を見つける段階での困難である。この場合、本人と親が受診を希望しなかったケースもあれば、受診をしたが診断がつかなかったケースもある。あるいは、既に診断がついているが、学生相談室からの依頼でキャリアセンターが就職先を探す役割を担っている事例もあった。

◆ *①受診について同意を得る段階での困難事例*
　「発達障害の可能性が感じられるケースは、保護者も子の障害を認めたがらないので、対応が難しい。学業面では単位を取得できるが、コミュニケーション面で難しさを抱えている。成績が良いので、なぜ就職できないのかと親も思い込んでしまう。そのため、コミュニケーションが取れないと一般の会社で働くことは難しいという話を当室から行い、保護者を説得することになる。納得してもらうことには大変苦慮している。中には怒りだす保護者もいる。障害をある程度認めた方が就職しやすいという場合でも、保護者はなかなか認めようとしない。…」

◆ *②就業場所を見つける段階での困難事例*
　「発達障害、精神障害の傾向が感じられる学生が来室した場合、障害者手帳を持っていないケースがほとんどなので、就職支援の際に、障害者採用のカテゴリーをほとんど活用できない。障害者支援用のサイトや運営会社もあるが、身体障害の扱いが中心で、精神障害の方は手帳がないと利用できないと言われる。今後、そういう学生に具体的にどう対処したらよいか、どういうトレーニングをすればよいか、受け入れ先をどう探すかについて、当室だけでなく本学全体として体系的に考えなければならないと思う。…」

(1) キャリアセンターを利用しない学生への連絡や対応

① 具体的な連絡方法や対応

　学生がキャリアセンターを初めて利用するタイミングは、3年生の進路登録の時点であると、多くの大学から報告があった。したがって、このタイミングで来室しなかった学生に対して、キャリアセンターは様々な手段で来室を呼びかけることになる。その目的は2つあり、本人の進路状況の把握（3年生であれば進路登録、卒業時点であれば進路報告）と本人へのキャリア支援の実施である。学生への連絡手段の実際について、回答件数の多いものから順にまとめた（**図表Ⅱ-3-5**）。

　回答が最も多かったのは、学生本人への直接連絡（携帯電話、メール）であった。メールでの連絡は簡単だが、すぐにメールアドレスを変える学生への連絡が不着になりやすい問題や、読んだかどうかを確認する手段がないため一方的な伝達になるという問題も指摘された。そのため、携帯電話への連絡も行われるが、限られた人数の職員が手分けして電話をかけることは通常業務に加えて大きな負担となるほか、本人が電話に出ない（知らない番号からの着信なので）、留守番電話が設定されていないため伝言が吹きこめない、着信履歴が残っても返電率が非常に低い等の問題があり、対応に苦慮している大学が大多数であった。また、単に連絡手段としてではなく、メールや電話を通じてキャリアセンターが学生を応援する姿勢を示し続けることが大事だと回答した学校もあった。

　本人への連絡がつかない場合、次の手段として、多くの学校では保護者へ連絡したり、ゼミ等の教員を通じて本人に連絡する対応をとっていた。

図表Ⅱ-3-5　キャリアセンターを利用しない学生への連絡手段（全17校中）

・学生の携帯電話	… 16 件
・学生のメール（一斉配信、個別配信）	… 15 件
・（最終手段として）自宅へ電話	… 11 件
・ゼミの先生経由で連絡	… 9 件
・手紙・ハガキ（他の同封物と一緒に送付等）	… 4 件
・友人経由で連絡	… 4 件
・その他（掲示板、4年生の授業後に捕捉等）	

保護者のいる自宅への電話は大事になりがちなので、あくまでも最終手段にしているとの回答も多くあった。キャリアセンター職員と教員との連携が日常的にとれている学校では、学生への連絡がつかない場合は早めにゼミ教員と接触し、ゼミ教員を通じて学生の様子を把握していた。ただし、その学生がゼミに所属していない場合や、ゼミを長期欠席している場合は、教員経由の連絡手段をとれないため、連絡が困難になるとの報告もあった。

　そのほかに、手紙・ハガキ、友人経由等による連絡という事例も報告された。

　なお、キャリアセンターは、全学生の卒業後の進路を把握するため、卒業前の全学生（内定者含む）に対して連絡をとる必要がある。卒業後の進路については、通常、学生側がキャリアセンターに報告する仕組みだが、自主的に報告しない学生に対しては、最終手段として卒論提出時あるいは卒業式の際に卒業証書と引き換えに進路報告をもらうという回答が多く得られた。また、卒業式の段階でまだ就職先が決まっていない学生に対しては、キャリアセンターで卒業後の支援も可能である旨を伝えていた。

②　学生の自主性尊重とキャリア支援のスタンスについての課題

　キャリアセンターでは様々な手段を通じて連絡がとれない学生への接触を図っているが、このように、学生気質に合った細やかで行き届いたサービスを展開することで、全体として良い就職支援をすべきだという理想へ向かいつつも、一方で大学という教育機関の一部署であるキャリアセンターが、どこまで学生の自主性や自己決定力に立ち入るべきなのか、あるいは働きかけるべきなのかという、教育機関としてのスタンスについて、現状への思いや迷いを回答した学校も複数あった。

　他方で、キャリアセンターが抱える課題として、自主的に就職活動できる学生層とそうでない学生層の二極化が進んでおり、就職が決まりにくい学生層が一定割合残ってしまうことへの懸念を指摘する回答があった。就職が決まりにくい学生に対して、キャリアセンターは様々な手段を講じて呼び出しをかけるが、呼び出しという行為のみに終始しても意味がないと

いう意見もあった。進路報告書を職員がわざわざ学生の自宅まで取りに行くという他大学の実例を語った職員もいた。面倒を見過ぎることへの躊躇や、学生の自主性をどこまで尊重するのか、指導や支援としてどこまで立ち入るべきなのかという迷いを回答する学校もあった。

◆ 支援と学生の自主性との間で対応に悩む事例

「学生への指導や支援について、どこまで立ち入ってよいものかとジレンマを感じることがある。学生時代だからこそ、周囲の大人が指導できるチャンスがあるわけだが、もっと直接的に指導した方がよいのか、それとも学生の良さを引き出すようなスタンスで、少し距離を置いて間接的に支援する方がよいのかと迷うことがある。飲み込みの早い学生は、一度アドバイスするとすぐに反応して、次回には良くなっている。一方で、支援側が何度も同じアドバイスを伝えても本人が理解できず、ステップアップできない学生もおり、支援側として無力感を覚えることもある。本人が理解できないのは、聞く耳をもたないからではなく、本人の理解する方向性が間違っているために支援側の真意が伝わらないという意味である。…」

(2) 未就職卒業者・早期離職者・中退者への支援状況

　未就職卒業者・早期離職者への支援については、調査対象校すべてが、卒業生にも在学中と同様の個別相談を受け付けていると回答した。継続支援が受けられることは、ホームページや卒業式の際に周知されていた。利用期限は特に定めていないという回答が多かった。一方で、在学時にキャリアセンターをあまり利用していなかった学生は結局のところ卒業後も連絡が取りにくいとの指摘もあった。未就職卒業者や早期離職した卒業生には、大学に来る既卒可の求人とマッチングしたり、企業側から緊急に求人募集が来た際にマッチングするという事例も聞かれた。しかし、卒業後2～3年経過すると合う条件の求人が学校に来ないため、相談そのものは受け付けるが、求人検索についてはハローワークの利用を勧めるとの報告があった。

　早期離職に至る原因として、在校中の就職活動において企業研究が不足していたケースや、たまたま採用数の多い企業からの内定を得てその企業が合わなかったという場合もある。入社当日や数日以内に離職した場合には、キャリアセンター側がその事実を把握した段階で企業に謝罪に行くとの報告

もあった。早期離職についてはキャリアセンター側で状況把握することが困難なケースも多く、離職する前にキャリアセンターに対する事前連絡や相談が欲しいのだが、実際には連絡を入れずに離職するケースが多いとのことであった。ゼミ教員を通じて、卒業生の離職状況を把握できるという報告もあった。

◆ 早期離職を企業に謝罪した事例
「残念ながら入社数日で離職するケースもある。企業から連絡を受けることもあれば、学生本人から連絡が来ることもある。その際は、当室の責任者が出向いておわびに行く。しかし、企業側や学生本人がそのことを当室に伝えない場合もあり、当室で把握できないこともある。こういったトラブルが当室に伝えられずに、来年からは本学から一切採用しないと言われると非常に困る。したがって、そのようなトラブルを耳にしたらすぐに企業におわびに行くようにしている。研修中に辞めたケースや、二日目から出勤しなくなるなど、様々なケースがある。…」

　中退者の支援については、学校を既に離れた中退者、あるいは中退が決まった在学生からの相談という意味であるが、今までキャリアセンターでは受けたことがないという回答が17校中14校あり、キャリアセンターの支援対象から外れるという認識をもつ学校が多かった。今後、中退者の相談が入れば受け入れる用意があるとの回答ではあったが、実際のところ、現在のキャリアセンターは中退者や中退予定者のキャリア支援を行いにくい環境にある。その最大の理由は、大学キャリアセンターに来る求人の応募には大卒資格が必要であり、中退予定者に紹介できないからである。一方、中退する学生側も、今後別の進路に進もうという気持ちであり、大学とは縁が切れており、かかわりをもとうという気持ちが起こりにくいのではないかとの回答もあった。もうひとつの理由として考えられるのは、中退が決定される学内のプロセスの中で、中退予定者とキャリアセンターとが直接かかわる機会がないことである。中退は「学業を中断する」という意味合いをもつことから、教務課や学務課、学生課といった部署が担当し、最終的な中退可否の判断は教授会や学部長に委ねられるプロセスとなる。そこには、中退後の生活面（特に就業面）のサポートといった考えは含まれにくい。一方で、学生自身が中

退を迷っている段階での相談なら、キャリアセンターで受け付けたことがあると回答した学校も複数あった。したがって、現時点では、学生本人が話題を持ち出さない限りは中退や中退後の生活面の相談になりにくい状況にあると考えられる。

5 キャリアセンター以外のリソース（学内・学外）との連携状況

　学生の就職支援には、キャリアセンター以外のリソースの活用が鍵となる場面も多い。キャリアセンターが連携している人および組織について、学内と学外に分けて結果を報告する。

(1) 学内での連携について
　学内での主な連携は、①教員との連携、②学生相談室や保健室等との連携の2つに大別される。

① 教員との連携
　教員と連携する主な事例としては、ゼミ教員が、その教員の専門領域とは関係なく学生の就職状況把握等の面でキャリアセンターと連携する例が多く聞かれた。臨床心理学や障害支援等を専門とする教員が、教員自身のゼミの学生への対応とは別に、学生相談室等での相談を受け持ったり、相談員を監督する事例も聞かれた。
　教員との連携の具体的内容について、多くの回答が得られた順に整理した（図表Ⅱ-3-6）。最も多くの回答が得られたのが、教員が学生に対しキャリアセンターの利用を働きかけることである。特に、一般企業への就職活動の経験がない教員にとって、ゼミ生に直接就職指導を行うことは困難であり、就職活動で困っている学生がいた場合は、専門のキャリアセンターに指導を任せるのが合理的と考えるケースが多い。第二に、教員が学生と直接連絡をとり、キャリアセンターへの来室を呼びかける役割を担うことである。キャリアセンター側から連絡をとりたい学生のリストが事前に教員に手渡されており、所属のゼミ生がいた場合に連絡をとるといった連携が行われていた。

図表Ⅱ-3-6　教員が行う就職支援関連業務の具体的事例

①学生へのキャリアセンター利用促進
・ゼミの場で学生に利用・相談を促す
・学生を直接キャリアセンターへ誘導

②（ゼミの）学生への連絡、呼びかけ
・学生へこまめに連絡（メール、電話等）を入れる
・キャリアセンターで連絡のつかない学生リストが教員に渡される

③支援が必要な学生等の把握と情報共有
・ゼミ生の内定状況調査を行い、教授会やキャリアセンターへ報告
・単位不足の学生、欠席の多い学生の情報を報告・共有
・卒業生・早期離職者からの連絡を受けてキャリアセンターへ報告

④就職支援業務の一部を担当
・個別面談の実施、あるいは面談の場に同席
・ゼミ別の就職ガイダンス（場を提供。キャリアセンター職員が実施）
・（実業界出身の）教員自身の経験談や就活方法のレクチャー
・エントリーシートの添削
・進路報告書の回収（卒論発表時）
・特別な支援が必要な学生に対し就職先をあっせん（専門職の場合）

⑤各授業科目について、キャリア教育との接続に協力
・授業によって得られるスキル・能力を具体的にシラバスに明示

◆ 教員に学生への呼びかけを依頼する事例
「普段から連絡のつく学生や、話せる学生はよいのだが、なかなか連絡がとれない学生への対応が課題である。アドバイザーは連絡のつかない学生名をすべて把握しているので、その学生名をリストにして、ゼミ教員や所属学部にデータを渡して連絡をつけるよう協力を求めることがある。教員には、リストにある学生と授業で会う機会があれば声をかけてくださいと依頼している。結果として多くの学生が捕捉できる。…」

　第三に、支援が必要な学生等の把握と教授会やキャリアセンターとの情報共有という役割を担っていた。教員はゼミの学生に連絡をとることで、本人の最新の就職状況（内定の有無等）を把握できるため、それを教授会で共有したり、キャリアセンターに報告するといった連携が行われていた。ほかにも、学業不振や欠席の多い学生の情報共有も行われていた。さらに、卒業生や卒業後の早期離職者が、キャリアセンターよりもゼミ教員を個人的に慕って近況を報告してくることがあり、転職相談の話題が出た

際にキャリアセンターに情報を流し、卒業生の支援を依頼するという流れも報告されている。

第四に、キャリアセンターが行っている就職支援業務に近い内容の一部を教員が担っているケースも報告された。例えば、教員が学生（3年生）への個別面談を最初に実施し、その情報をキャリアセンターへ引き渡すという流れで就職支援を行う大学もあった。ゼミの時間を使って、キャリアセンター職員が学生に就職ガイダンスを行う例も聞かれた。実業界出身の経歴をもつ教員の場合、自らの就職活動体験談やエントリーシートの添削等をする例も聞かれた。卒論発表時に進路報告書の回収を教員が行うという学校や、資格取得を伴う専門職系の学科では、一部の特殊な学生に対して教員自身が直接就職先をあっせんする例もあった。

第五は、教員がすべての授業科目においてキャリア教育との接続に協力する例である。社会人基礎力のどの面を育成するのか等の情報がシラバスに書かれており、学生側も授業を履修することで能力の伸びを視覚的に把握できるという事例である。就職支援とは直接関連しないが、キャリア教育に対して全教員が積極的にかかわることが示された事例である。

教員とキャリアセンターとの連携の程度は、学内で就職支援に向けた環境がどれだけ整っているかによって影響を受けやすい。教員によって就職支援への考え方に「温度差」があるという回答も多くみられた。就職支援への学内的な協力体制については特にコンセンサスがあるわけではなく、協力的な教員と、学生の自主性に任せている教員がいるとの回答や、文科系（特に、実社会の職業との結びつきが比較的弱い学問分野）の教員は一般的に就職支援が不得手だとの回答もあった。若い教員は就職支援に協力的な場合が多いという回答があった一方で、年配の教員は必ずしも非協力的ということもなく、時代の流れを理解して、大学から有用な人材が輩出するためにも就職支援に協力的になりつつあるとの回答もあった。

◆ 近年進んできた教員の理解に関する事例
「現在は、教員の就職支援に対する理解は随分進んでいる。以前は、一般の授業科目とキャリアの実習科目が重なると教員からクレームが入ることがあったが、今はそのようなことはない。特に若い年代の教員は、就職に対してもとも

と意識の高い教員が多いように思う。一方、年配の教員でも、時代の流れという理解の下で、大学から社会に有用な人材が輩出しているかどうかが大学の評価につながるという発想をもつ教員が増えたと思う。…」

　学生の就職支援について全学的な協力体制が得られているという回答も複数集まっていた。特に、学長のリーダーシップが協力体制に大きな影響を与えているとの報告もあった。現在、四年制大学だが、前身が短期大学で、当時からきめ細かな就職支援が行われてきた伝統があり、四年制に改組された後も違和感なく就職支援に協力的な校風が残っていると回答した大学もあった。資格取得を目指すような専門職系の学科が多い大学では、教員もその専門職の出身者で、自らも熱心な就職支援を受けてきた経験があるため、学生の就職に対して協力的な体制が自然に出来上がっているという回答もあった。教員によるキャリア支援の委員会とキャリアセンターという事務組織とが十分な協力体制の下に機能しているとの回答もあった。一方、教員は専門分野の授業、キャリアセンター職員は就職支援という明確な役割分担があり、教員は就職支援にある程度の協力はするが、原則として直接的には関与しない方針があると回答した大学もあった。

②　学生相談室や保健室等との連携

　学生相談室や保健室と連携する場面は主に２種類あり、ひとつは、発達障害等や精神疾患の可能性が感じられる学生がキャリアセンターに来室し、専門的な支援が必要とのことで先方へリファーするケースである。もうひとつは、学生相談室や保健室を利用している学生で就職支援の相談が必要となり、先方からキャリアセンターへリファーされてくるケースである。しかし、学生相談室や保健室へと連携する方がよいと思われる学生が来室しても、面と向かってその事実を伝えづらく、連携自体が難しいと回答したキャリアセンターもあった。逆に、連携がスムーズに行われている学校もあった。連携実績のある学校の中には、特別な配慮が必要な学生に対し、学生相談室や保健室だけでなく、その他の学内部署（教務、学務等）とも連携し、チーム支援体制をとっていると回答した学校もあった。

　連携をする場合は、支援する学生に関する情報を連携先の各部署で共有

することが不可欠となる。しかし、相談情報には多くのセンシティブな内容が含まれており、特に学生相談室での専門相談では守秘義務が厳しく課されており、安易な情報共有はできない。このような、学生支援について必要な情報の共有がしにくい点を課題として挙げた学校もあった。一方、就職困難な学生の就職支援に対して学内で一定のコンセンサスがあり、守秘義務をルールとしながらも、一定の情報共有が試みられている事例も報告された。一人でも多くの学生が就職できることを目標とする等、支援に関する一定のコンセンサスが学内で醸成されれば、各部署内で閉じられがちな情報について一部共有を図れる可能性が出てくるものと期待される。

◆ 一部の情報共有を属人的に実施している事例

「キャリア相談をする中で、次第にメンタル面の相談が必要と判断された場合、当室長自らとキャリアカウンセラーの両方で相談を受け持つ。本人の精神状態の経過をみながら、ケースごとに判断し、カウンセリングルームの受診歴の確認をし、必要な手続きをしてカウンセリングルームへ誘導する。もし受診歴がない場合は、本人に利用を勧めるようにしている。ただし、この移行のタイミングは難しい。カウンセリングでは、個人情報保護という観点が、情報共有をする上での大きな壁となる。当然、コンピュータ上での情報共有はできない。当室からカウンセリングルームに状態確認を依頼する場合、互いの情報共有が必要となるので、まず学生本人の了承を得た上で、（当室長の前職がカウンセリングルームの所管であったことから）属人的に依頼を行っており、特に制度化はしていない。制度化は当面は難しいように思う。…」

最後に、キャリアセンターが連携する学外のリソースについて、最も多い連携先はハローワークという回答であった。当調査の対象となった17大学のうち16大学では、ハローワークから派遣されたジョブサポーターを学内に受け入れ、主に個別相談や求人紹介の面で活用が進んでいた。大学に来る求人票に見合わないレベルの学生に対し、ハローワーク経由で様々な求人を紹介してもらうことにメリットがあると回答した大学もあった。ハローワークの障害支援に関する部門の活用も一部の大学で行われていたが、キャリアセンターが直接連携するのではなく、学生相談室や保健室を通じてのケースも報告されていた。

また、若年者就職支援機関のひとつである地域若者サポートステーショ

ンの活用も数校から報告された。ただし、サポートステーションの立地が
不便な場合、対象となる学生が自力で通うのが難しく、サービスをスムー
ズに受けることに課題があるとの報告もあった。そのほかにも、障害者支
援系機関と非障害者支援系機関との連携も報告されていた。

6　まとめ

(1)　支援状況のまとめ

　まず、キャリアセンターという現場で就職困難と感じられる学生について
の様々な特徴が挙げられた。就職活動に関する知識が不足しているために学
生が自己流の判断で困難に陥るケースや、目上の人とのやりとりなど、社会
人になる上で必須となるコミュニケーションに問題を抱えたケース、動き出
しの遅さや学校に来ないという不活発さ、親子問題が投影された困難さ、職
員への依存傾向、社会経験の希薄さ等が挙げられた。一方、それに対処する
支援の仕方として、傾聴をベースとした、コミュニケーションを容易にさせ
るような問いかけや、話を上手に受け止めて対話が続けられるような技術が
用いられていた。また、学校という教育の場であることから、本人の自覚や
気づきを待つだけでなく、職員が一定の「指導的」対応や働きかけを行うこ
ともあるようであった。さらに、障害に近い特性をもつ学生への対応で困難
を感じる主な場面として、本人や親に医療機関の受診を促す場面と、実際の
就業場所を探す場面が挙げられた。

　続いて、多様な学生に対する対応を概観した。キャリアセンターを利用し
ない学生に対する呼びかけの方法として、電話・メール等を使った呼びかけ
が一般的であったが、ゼミの先生経由での働きかけが大きな効果を生むこと
も確認された。また、卒業後の未就職者や早期離職者に対しては、支援の門
戸を開いている状況が確認されたが、一方で、そのような卒業生の情報をキャ
リアセンターはシステマティックに把握しているわけではなく、ゼミの先生
や卒業後に訪ねてくる卒業生からのインフォーマルな情報によってもたらさ
れていることも明らかとなった。大学中退者に関しては、学生が中退するプ
ロセスにキャリアセンターが関与していないという現状や、大卒者向け求人
を紹介できないことへの躊躇等もあり、職員の間では支援の対象層という認

識にない傾向が強かった。

　キャリアセンターと他のリソースとの連携については、特に教員との連携において様々なパターンが確認された。教員が学生の就職相談に直接応じたり、就職支援業務の一部を担当するような比較的強い連携があるケースから、来ない学生への呼びかけとキャリアセンターまでの橋渡しといった軽い連携まで、様々な形態が存在した。今回のヒアリング調査の対象校においては、キャリアセンター職員が教員との連携状況に大いに不満を感じているとの回答はなかった。ただし、キャリアセンターと学内他機関（学生相談室等）との連携については、個人情報保護による大きな壁が存在するため、個人情報を守りつつも、有効な連携をどうすべきかについて、様々な模索がなされているようであった。

(2) 大学キャリアセンターの支援対象学生の分類

　以上の結果をもとに、大学キャリアセンターが支援対象とする学生について、支援者側からみた困難性に沿って分類を試みた。

　障害特性をもたない一般学生について、支援の困難性をもとに分類したものが**図表Ⅱ-3-7**である。上部2タイプは就職活動においても就職支援においても困難性が低い学生層である。ひとつは「支援不要型」で、自主的に円滑な就職活動ができ、内定を獲得できる学生層である。基本的にはキャリアセンターの支援を受けずに自力で就職先を決められる学生層である。もうひとつは「受容型」である。キャリアセンターの支援を真摯に受け、職員からの

図表Ⅱ-3-7　支援者目線による支援対象学生の分類（障害をもたない学生）

非困難	支援不要型	（自主活動型。支援を受けなくても正しい就活ができる）
	受容型	（アドバイスを素直に聞き、順当に就職が決まる）
困難	反発型	（誤った自己流就活を貫く、アドバイス無視、言うことを聞かない）
	学内支援限界型	（コミュニケーション不全、依存、支援効果がいまひとつ）
		（他所での対応必要あるいは現支援内容が当該学生の実情に合っていない可能性あり → 学内で支援内容の再構築が必要）
	支援不能型	（来所しない → 来所呼びかけが常時必要）
		（ひたすらエールを送り続ける、相手が必要性を実感するまで待つ）

アドバイスを素直に聞くことができ、円滑に就職活動ができ、内定を獲得できる学生層である。

　一方、**図表Ⅱ-3-7**の下部3タイプは、就職活動においても就職支援においても困難性が高い学生層である。ひとつは「反発型」である。「受容型」とは対照的に、職員のアドバイスを意図的に受け入れず、自己流の就職活動を行い、誤った方向に動いていても修正しようとしない学生層である。ただし、キャリアセンターを既に利用している学生層であることから、残り2タイプよりも困難性が高いわけではなく、就職活動を通じて本人の内面が成長することで困難を乗り越えられる可能性がある。次の「学内支援限界型」は、キャリアセンターに来室している学生層ではあるが、職員とのコミュニケーションがうまく取れず（相性の問題も含む）、学生がアドバイスを理解し切れていない状態であり、職員としてもこれ以上打つ手がなく本人の精神的な成長を待つ段階にあるなど、いわば支援が停滞している状態の学生層である。職員に依存しがちな学生層もここに含まれる。このカテゴリーに入る学生層は、現状の支援体制だけでは限界があり、外部からの支援や刺激が入らない限り、支援効果を高めることは難しいと思われる。「支援不能型」とは、いわゆる電話やメール等の様々な呼びかけに応じない学生層のことである。キャリアセンターを利用しなくても自力で就職活動ができ、内定を得られる層であればそれほど大きな問題にはならない。一方で、卒業間近になっても就職への意欲が低く、キャリアセンターからの支援を受ける必要性を感じられない学生は、様々な手段で呼びかけやエールを送り続ける以外に方法がなく、卒業後は支援の手も切れやすい状態にある。支援不能型の学生層が未就職で卒業した場合、若年就職困難者のカテゴリーに入ることになる。

(3) 残されている課題

　本調査では多様な特徴をもつ大学での就職支援の実態を調査したが、現状をみると就職支援に協力的な体制をもつ大学は多く存在し、教員の理解も以前より進んでおり、全体として大学での就職支援の質は向上しつつあることが明らかとなった。一方で、今回の調査を通じてみえてきた課題を整理したい。

　第一に、就職困難な学生層については、学外（ハローワーク等）からのア

プローチによって、支援がさらに前進する可能性がある点である。「学内支援限界型」や「支援不能型」はいずれも学内での支援が膠着（こうちゃく）状態に陥っている学生であるが、そのような学生層に対し、例えばハローワークのジョブサポーターや外部機関の相談担当者がかかわることで、外部からの刺激がプラスに働く可能性がある。障害に近い特性をもつ学生の支援についても同様である。学内には支援に関する十分なノウハウはないが、外部機関で障害者支援経験のある人材が協力することによって、状況が打開される可能性がある。また、大学に出入りする外部機関の人材が、地域内にいる別の専門家に引き合わせる「ハブ機能」をもつことで、地域内の各所に散らばる人的リソースがつながり、結果として、大学やその地域での就職支援のリソースを豊かにできる可能性がある。そのような意味で、その地域にある若年者向け就職支援機関は就職困難な学生層に対する有用な受け皿のひとつとなり得る。この点については、次章で支援の実例をみながらあらためて考察してゆきたい。

　第二に、大学内で就職支援に関する情報共有をさらに促進させることが重要である。今回の調査校の中に、学内他部署で一部の情報を共有してチーム支援を実施し、障害の有無にかかわらず学校生活（もしくは就職活動）に困難を抱える学生を支援する体制を全学的にとっている事例があったが、このような試みは学校生活面だけでなく、就職支援の困難性も打開できる可能性がある。そこで課題となるのは、相談記録というセンシティブな情報の共有の問題である。相談記録は守秘義務の対象であり、それが守られるのは当然のことではあるが、一方で、相談記録の一字一句について、すべてがセンシティブな情報かと言えば単純にそうとは言い切れないはずである。就職への成功と定着という問題解決へ向けて、学生本人が協力・同意するのであれば、就職支援に必要な情報のみを慎重に選別し、学内で連携を密にする仕組みがある方が、学生にとってメリットとなるだろう。このような問題の解決には、学長からの働きかけが最も有効であるが、学内の担当部署間で共通認識をもつだけでも対応の仕方は改善すると考えられる。大学での就職支援をさらに良いものとするためにも、十分な配慮を行った上での積極的な情報共有が今後推進されるべきだと思われる。

【引用文献】

文部科学省（2016）学校基本調査

労働政策研究・研修機構（2014）大学・短期大学・高等専門学校・専門学校におけるキャリアガイ
　ダンスと就職支援の方法―就職課・キャリアセンターに対する調査結果―，JILPT 調査シリーズ
　No.116.

労働政策研究・研修機構（2015）大学キャリアセンターにおける就職困難学生支援の実態―ヒアリ
　ング調査による検討―，JILPT 資料シリーズ No.156.

第4章

若年者向け就職支援機関における支援の実態

深町　珠由

1 本章の目的

　前章では、大学生の就職支援、特に就職困難な学生への支援の実態について、大学キャリアセンターの枠組みを通して整理を行った。**図表Ⅱ-3-7**で確認されたように、大学教職員がいかなるアプローチを行っても、一部の学生は何らかの理由で通学（あるいはキャリアセンターへの来室）頻度が極端に少ないために、大学キャリアセンターという、学校を基盤とした就職支援の枠組みからこぼれ落ちてしまう状況が明らかとなった。このような、学校において「支援不能型」となる学生が就職へ向けて再び活動を始める際には、学校以外に就職活動を支援してくれる拠点や枠組みが重要となる。本章では、そうした学外の就職支援機関における取り組みや支援の実態について取り上げる。

　序章でも述べたように、日本では2003年に策定された「若者自立・挑戦プラン」以降、若年者雇用施策のインフラとしての様々な若年者向けの就職支援機関が登場し、現在に至っている。本章では、その中でも「新卒応援ハローワーク」と「地域若者サポートステーション」という2種類の機関を取り上げることにした。

　新卒応援ハローワークとは、大学等の卒業年次の在学者および既卒3年以内の卒業生（と希望に応じて高校生と既卒者）を対象とした専門のハローワークである。2010年9月から各都道府県労働局に設置され、2017年月現在で全国57カ所に設置されている。対象となる若年者に求人情報の提供や、職業相談、職業紹介を行うほか、就職までの一貫した担当制による支援や、臨床心理士による心理的サポート、就職フェアや各種セミナー等の幅広い内容の支援を行っている。ジョブサポーターによるきめ細かい支援も受けること

ができる[3]。

　地域若者サポートステーションとは、働くことについて様々な悩みを抱えている 15〜39 歳程度までの若年者に対し、就労に向けて多様な支援を行っている機関であり、通称「サポステ」と呼ばれている。地域若者サポートステーション事業は 2006 年度から全国 25 カ所でモデル事業としてスタートし、2008 年度から本格的な実施に移行した。就職支援等の実績を通じて年々拡充され、調査時点の 2012 年度では全国 116 カ所まで拡充されていた[4]。具体的なメニューとしては、キャリアコンサルタント等による専門的相談、就労に向けたステップアップのためのプログラム、職場実習・職場体験、各種セミナー等がある。2010 年度からは、サポートステーション本体の事業に加え、高校中退者等アウトリーチ事業も開始され、受託団体数は調査時点の 2012 年度では 65 カ所まで拡充された[5]。

　これらの 2 種類の機関は若者の就職支援という点では機能が類似しているが、提供する支援サービスの内容や来所者とのかかわり方は異なっている。それぞれにどのような来所者がおり、どのような支援が行われているのか、特に、学校での就職支援の手を離れ、就職決定まで難しいと思われる若者が、このような支援機関を通じてどう就職につなげているのか、その実態を明らかにすることを目的として、ヒアリング調査を企画・実施した。その結果は、「若年者就職支援機関における就職困難者支援の実態—支援機関ヒアリング調査による検討—」（JILPT 資料シリーズ No.123，2013 年）においてまとめられている。本章では、当資料を元にヒアリング調査から得られた知見を紹介する。

3　ジョブサポーターとは、ハローワークの窓口、あるいは高校・大学等に出向いて、就職活動の相談や職業適性検査を実施したり、就職活動関連セミナーを実施する等の活動を行う、新卒者の就職支援を専門とする職業相談員で、多くは、企業の人事労務管理経験者で、キャリアカウンセラー等の有資格者である。ジョブサポーターは政府の雇用対策や経済対策が打ち出されるたびに増員・拡充され、調査当時の 2012 年度では 2,300 名まで増員されていた。
4　2013 年度以降は全国 160 カ所の拠点へと広がった。
5　高校中退者等アウトリーチ事業とは、高校等との連携の下に、進路未決定の高校中退者等を主な対象として、キャリアコンサルタント等が自宅等へ訪問することで訪問支援（アウトリーチ）を実施し、学校からサポートステーションへの円滑な誘導と切れ目のない支援を通じて、早期の自立・進路決定を促すことを目的としたものである。

2 調査方法の概要

(1) 調査の目的

　若年者向け就職支援機関の来所者について、現状の支援内容と、特に就職困難に感じられる来所者の特徴と、困難性の内容や見極め、配慮や対処策を把握するため、相談担当者（支援者）を対象とするヒアリング調査を企画した。

(2) 調査の方法

　調査対象機関について、若者の就職困難性への支援に関して多くの実績をもつ機関を中心に選定・依頼したところ、新卒応援ハローワーク9機関、地域若者サポートステーション12機関から協力を得ることができた[6]。各機関の特定化をしないことを条件に調査協力を得たため、機関名や地域は公表できないが、就職困難な事例が多く集まりがちな機関は、結局のところ全体の来所者数が多い機関であることが多く、結果として全国の都市部にある機関が大多数であった。

　調査回答者には、日常的に来所者の支援を行っており、来所者の特徴を熟知している支援者（雇用形態・役職不問）を推薦するよう、各機関に依頼した。支援者が単独で回答するケースのほか、複数の支援者が同時に回答する形式でも受け付けた。最終的に、新卒応援ハローワークから27名、地域若者サポートステーションから20名、合計47名から回答を得た[7]。本調査は2012年8〜12月に実施された。

(3) 調査の枠組み

　各機関は必ずしも就職困難な来所者だけが利用するとは限らないため、以

6　全国の機関の選定と依頼にあたり、新卒応援ハローワークは厚生労働省職業安定局若年者雇用対策室（当時）、地域若者サポートステーションは同省職業能力開発局キャリア形成支援室（当時）からの協力を得た。

7　なお、本章では、就職困難な来所者の特徴や対応等の回答結果については、新卒応援ハローワークと地域若者サポートステーションでみられる特徴に大きな違いはないと考え、原則として両機関の回答を区別せずに掲載した。一方、各機関固有の特徴が示された回答項目（標準的な支援手順等）については、「新卒応援ハローワーク」等と機関名を特定化して記述した。一方、本章の元となった調査報告であるJILPT資料シリーズNo.123（2013）では、両機関の回答を分けてとりまとめを行っており、ヒアリング回答も各機関別に掲載している。

下の2つの流れを聴取した[8]。第一に、一般的な来所者の特徴や支援メニュー等の流れを把握した。第二に、支援者からみて「就職に時間がかかりそうだ（就職が困難だ）」と思われる来所者の特徴、見極め、配慮の仕方等について具体的な情報を聞き取った。調査分野は以下の通りであった。

---

(1) 一般的な来所者や支援の流れに関する情報収集
　　・来所者の特徴、来所経緯
　　・標準的な支援の流れ、適性把握の方法等
(2) 就職に時間がかかりそうだと判断される来所者に関する情報収集
　　・来所者の特徴、見極め
　　・配慮や対応
　　・具体的な対応例（障害・精神疾患等の可能性のある来所者、早期離職者等）

　なお、次節からの回答結果の整理にあたっては、全調査機関でほぼ共通に聞かれた回答内容もあれば、一部の機関のみ得られた回答もあった。ヒアリング調査という制約上、観測数が少ないため、全機関で共通に聞かれた回答内容が必ずしも普遍的な回答だとは言い切れないが、その中でも、今回の調査機関全体にほぼ共通して得られた回答については、そのような特徴を記述するよう心がけた。

3　各機関の支援内容と来所者の一般的な特徴

　調査結果の記述を行うにあたり、まずは各機関での標準的な支援手順や来所者の一般的特徴についての情報がないと理解しにくい面もあると思われたため、本節では標準的な支援手順や一般来所者の状況について報告する。就

8　本調査は就職困難な若年者の特徴や支援について特に焦点をあてて聞き取りを行ったため、回答した支援者もそのような事例を念頭におきながら就職困難な事例を中心に回答している。そのため、一見するとどの機関でも就職困難な事例が大多数であるかのような錯覚をもたれかねないが、実際にはそのようなことはなく、就職に時間がかかる層は全来所者層の一部であることをあらためて認識しておく必要がある。それは新卒応援ハローワークにおいても、地域若者サポートステーションにおいても同様である。

職困難な若年来所者に関する支援者目線での見立てや支援の具体的な方法等については次節で述べる。

(1) 各機関での標準的な支援手順

　新卒応援ハローワークの場合、初めて来所した人が受ける支援や手続きの流れは以下の通りである（**図表Ⅱ-4-1**）。まず求職登録を行い、本人の就職活動の進捗の把握や、来所目的を尋ねる。次に、各施設で利用できるサービスやセミナー等のメニューを案内し、本人の希望や必要性に応じて合うメニューを提案する。本人が面談の継続を希望する場合は、2回目以降も来所し、初回と同じ担当者が連続して担当する場合が多いようである[9]。

　個別相談の時間はおおむね「50分～1時間」を目安とし、初回の相談時間は比較的短く、2回目以降の継続相談は1時間以内を目安にじっくりと行っていた。来所頻度の目安は、週1回程度が多いとの回答であった。個別相談だけでなく、セミナー参加のために来所したり、就職活動の進捗（面接対策が頻繁に必要となる時期等）によって来所頻度も変わる。ただし個別相談に関しては、必要以上に頻度が増えると、来所者が相談担当者に依存しやすく

図表Ⅱ-4-1　新卒応援ハローワークでの基本的な支援の流れ

〈初来所時〉

求職申込書記入（待ち時間等を含めて）　➡　求職登録
➡　初回相談（予約なし）：来所目的、就活進捗の確認、希望職種等の聴取
➡　施設の利用案内とセミナー等のメニュー紹介、求人票の見方の説明
　　（必要に応じてセミナーへ誘導）
➡　終了

〈二回目以降〉

9　担当者の変更を申し出る仕組みもあるが、実際にはなかなか言いづらい場合もあるようだとの指摘もあった。

なるためあまり増やさないように配慮しているとの回答もあった。現役生の場合、「卒業までの内定獲得」を目標として通い続けてもらうことが多い。既卒者は、3カ月を目標として計画的に支援するケースや、特に期間を設けずに支援するケースもあるが、既卒者の場合は支援が長期化しやすいとの回答もあった。

　地域若者サポートステーションの場合、初来所時の標準的な手順は各機関での違いも大きいが、おおむね共通に確認された内容は以下の通りである（**図表Ⅱ-4-2**）。

図表Ⅱ-4-2　地域若者サポートステーションでの基本的な支援の流れ

〈初来所以降の支援の流れ〉

　初来所は、予約による来所を基本としている。初回の面談（インテーク面談と呼ばれる）では、来所目的、本人の現状の確認を行い、必要に応じて機関の支援内容やメニューの説明を（場合によっては複数回の面談を通じて）行っている。通院中の来所者の場合は医療機関からの就労許可の確認を行うこともあり、特に他機関での支援の方が適切と判断される場合もあるため慎重に見極めを行うとの回答もあった。聞き取りを行うほかに、サポートステーションの目的、位置づけ、支援メニュー等を説明し、一般就労を目指すための機関であることを理解してもらうとの回答があった。その後、「今後の目標」を支援者と本人とで共同で作成し、定期的な個別相談と各種支援プログラムを通じて、その目標へ向かって進む。

　支援プログラムは各機関によって違いがあるが、「就職」へ向けた具体的な準備を行う仕上げのセミナー（書類作成、面接訓練等）から、就労を目指す段階まで至っていない人向けの基礎的なコミュニケーションセミナーまで、幅広いレベルのプログラムが用意されている。

サポートステーションの職員は、個別相談の担当者やセミナー等の講師として来所者とかかわる。各種セミナーやプログラムの合間に、定期的な個別相談を組み合わせて、プログラムの活動の様子を振り返りながら次の目標へと進んでゆくのが標準的な支援の流れである。

　個別相談は、サポートステーションの中心的な機能のひとつであるが、キャリアコンサルタント等が担当する場合は「キャリア相談（就労相談）」、臨床心理士や精神保健福祉士等が担当する場合は「心の相談」というような区分がなされている機関が多くあった。相談時間はおおむね60分程度である。個別相談の担当者をどう決めるかは、スタッフ間の協議により、その来所者が抱える問題とスタッフの専門性とを考慮し、課題解決に最適なスタッフを選任する。相談部門のリーダーは定期的に進捗をチェックし、解決すべき問題の難しさによっては担当者の変更が行われることもある。また、定期的に「ケース会議」が開かれ、各ケースの進捗や、複数のスタッフによる綿密な情報交換と検討がなされている。このように、特定の支援者が相談ケースでの問題を一人で抱え込まないような仕組みが導入されている。

　平均的な来所頻度は、機関によって週1回〜月1回までと幅があった。セミナー実施後はなるべく間を空けずに振り返りを行うため、個別相談をすぐ実施するとの回答もあったが、実際には来所者数が多くてあまり頻繁には対応できないと回答した機関もあった。個別相談以外のプログラムに参加すると来所頻度も増えるが、支援者への精神的な依存を防ぐため、毎日来所させないようにしたり、週1回程度にとどめるとの回答もあった。

　支援期間の目安は、原則6カ月とする機関や区切りを設けない機関があったが、支援が一定期間たつと定期的に進捗を振り返り、目標設定や確認を行うと回答した機関が多かった。

　最終的な進路決定として、就職（非正規含む）決定する場合や、医療機関等へのリファー、訓練、入学・進学等がある。就職は必ずしもハローワーク経由だけでなく、一般の求人広告を利用するケースもある。サポートステーションが用意した就労体験プログラムの事業主に就職できる例もまれに存在するようである。本人の希望によっては、非正規就労をある程度続けた後に、正社員での安定就労を目指したい場合もあり、就職したら支援が完全に終わ

るとは言い切れない場合もある。最終的に、長続きできるような良質な就労
までを視野に入れた支援を心がけていると回答した機関もあった。

(2) 来所者の男女比、年齢・学年等の客観的属性

　次に、来所者像の一般的な特徴について整理した（**図表Ⅱ-4-3**）。来所者の
男女比について、新卒応援ハローワークでは女性が男性よりも多い、あるい
は同数程度との回答が多かった。地域若者サポートステーションでは、全体
として男性の方が多い傾向にあるが、女性も増えつつあるとの回答も聞かれ
た。新卒応援ハローワークでは、女性利用者層が活発で、男性はおとなしめ
の印象があるとの回答もあった。また、就職活動をマイペースに取り組んで
きた男性の利用者層が年度後半にかけて増えるなど、年間を通じて来所者の
男女比に変動が生じているとの回答も聞かれた。

　年齢や学年等による違いについて、新卒応援ハローワークでは現役生と既
卒者との違いに関する回答があった。どの機関でも共通して聞かれたのは、
現役生の場合「一般的な就職活動の一手段」として新卒応援ハローワークを

図表Ⅱ-4-3　来所者像の一般的な特徴

特徴	新卒応援ハローワーク	地域若者サポートステーション
性別と特徴	（人数）男性 < 女性 ※男性はおとなしく、女性は活動的	（人数）男性 > 女性
その他の客観的な特徴	現役生： ・通常の就活の一手段として利用 ・自力で就活ができず、背中を押されると軌道にのるタイプ 既卒者： ・就活に悩み、方法がわからないために長期化したタイプ	・20代中心。10代も増加中 ※10代（就労より孤立の解消が目的） ・近隣在住者や通える人が中心 ・就業経験有りの人もあり
考え方・悩みの特徴	まじめな人 「出遅れ」と「行き詰まり」 一部に情緒不安定な人もいる 就活と勉強と同様に真面目に取り組み、うまくいかずに自己評価を下げて悩む	自分に自信がない、不安感の強さ 社会経験の不足 コミュニケーションの苦手さ 問題認識はある（年齢が高い、現状を打破したい等）が、具体的な方法がわからずに悩む
家族との関係性	家族ぐるみでまじめ。就活に手を抜けずに精神的に追い詰められる	親に褒められた経験が少ない 子は親の言うことに従順なケース

利用しているため、大学等就職課・キャリアセンターとほぼ変わりない機能を期待しているとのことであった。つまり、就職活動を通じて生じる悩みや不安を相談し、就職活動の進捗状況を整理する場として、新卒応援ハローワークの個別相談機能を活用していた。中には、大学就職課・キャリアセンターを様々な事情からうまく活用できないために新卒応援ハローワークを利用するというケースも聞かれた。一方、既卒者の場合は、現役生よりも状態が多様であり、次の2つの特徴をもっていた。ひとつは、就職活動自体に不活発なケースで、本人の自発的な意思ではなく、消極的な動機で来所するケースが報告された。第二に、現役生と比べて就労経験が多様であり、正社員就職の経験がない人や、早期離職した卒業後3年以内の人、学生時代を含めアルバイトの経験が全くない人、アルバイトで生計を立てつつ新卒としての就職を目指す人など、多様な背景が報告された。

　地域若者サポートステーションで主な年齢層について尋ねたところ、各機関で状況が異なるものの、20代中心という回答がおおむね多かった。高校へのアウトリーチ事業を受託している機関の場合、10代の来所者が増加傾向にあるとの回答もあった。30代の来所者割合は、全来所者の1割前後との回答も聞かれた。したがって、当調査に回答した機関においては、30代よりも10〜20代という比較的若い層の来所者が多い傾向にあった。来所者の学歴は、大学等の高等教育機関の卒業者・中退者が多い機関と、高卒者・中退者が多い機関に分かれる傾向にあり、各機関が得意とする支援分野や、立地による影響も大きいと推察される。来所者の居住地は、継続して通えるような近距離圏が多いようであった。

　来所者の就業経験について、非正規雇用を含む何らかの就業経験をもつ来所者が全来所者の7割以上を占める機関と、そうした来所者が全来所者の2割程度と回答した機関に分かれた。これも、各機関の得意とする支援分野や地域特性の影響が背景にあると考えられる。就業経験を生かして次の仕事を探そうとする層と、就業経験が全くなくこれから社会とかかわっていこうとする層に来所者が二極化されるとの回答もあった。

(3) 性格・考え方の特徴、家庭環境、就職活動に関する本人の課題

　新卒応援ハローワークでは、本人の性格・考え方の特徴として「真面目」に取り組む人が目立つとの意見が聞かれた。就職活動を勉強と同様に真面目に取り組むが、結果が伴わないと落ち込んだり、一方で真面目に情報収集をし過ぎてかえって方向性を見失い、情報に振り回されるケースも報告された。自己分析で自分自身と向き合う際に泣きだす等の情緒不安定な人もいるとの回答もあった。家庭環境では、家族ぐるみで真面目に就職活動に取り組むケースもあり、親子で手が抜けずに精神的に追い詰められたり、親がアドバイスに悩んだりする様子も聞かれた。就職活動に対して抱えている来所者の課題は、主に「出遅れ」と「行き詰まり」という2つのキーワードに集約できた。「出遅れ」とは、本人が何らかの原因で一般的な新卒採用の就職活動の流れから「出遅れ」たことが本人のつまずきとなっている状況を指す。例えば、学校での単位取得に苦労したケースや、就職活動への意欲や気づきが十分でなく出遅れたケース等がある。もうひとつの「行き詰まり」とは、自己流の就職活動を行っていたが、行き詰まった末に来所する状況を指す。就職活動の初期の段階から何をやってよいかわからずにつまずいているケースや、ネットや学校の就職課経由の求人に対し自己流に応募活動を進めていたが、うまくゆかずに、行き詰まって来所するケース等がある。既卒者の場合、退職を迷って相談に訪れることもある。つまり、本人が自分の課題や「困り感」を自覚し、「行き詰まり」を感じた上での来所となっていることが特徴である。

　地域若者サポートステーションからの回答では、一般的な来所者がもつ悩みの特徴として、「自分に自信がない」、「不安感が高い」という点が多くの機関から報告された。また、職業理解や自己理解が不十分な状態だとの回答もあり、非現実的な進路を考える傾向（例えば、経験も資格もないのに簿記の仕事に就こうとする等）も報告された。社会経験もおおむね不足状態にあり、対人コミュニケーションの訓練のために来所するケースも報告された。不登校等の経験があり、家族以外の人間関係が希薄で、同年代の若者がいるコミュニティ（学校等）から隔絶された環境にいる来所者もいる。一部「ひきこもり」に近い状態の来所者もいるが、基本的には自力で活動できる層が

来所者の中心との回答があった。来所登録時に「精神的不調がある」と申告する来所者も一部あり、本人の障害特性かそれに近い特性のために現実社会に適応できず、症状の悪化がみられるケースもあるとのことであった。来所者の年齢は10代から30代までと幅広いが、年齢が高い来所者の場合は、本人が現状に問題を感じているものの具体的にどう動いたらよいかわからずに立ちすくんでいるケースが聞かれた。一方、若い10代の場合は就労を急ぐよりも本人の孤立状態の解消の方が重要であり、仲間づくりやコミュニティへの参加を促すために、学習支援の専門機関へのリファーが行われるケースが報告された。家庭環境上の特徴では、親と同居する人も多く、親からの経済的支援があるという報告もあったが、経済的に厳しい家庭の場合は、親から自立を強く促されている来所者もいるようであった。子は親に精神的にも従属しており、親の言うことをよく聞くケースも多いとの報告もあったが、必ずしもそれは良好な親子関係を意味しないようである。親から褒められた経験が少ない来所者の場合、自尊感情が低いとの報告もあった。また、就職活動に失敗し、親が世間体を気にして資金援助し、大学卒業後に専門学校に通わせている事例も聞かれた。

(4) 来所経緯

　支援機関にどのようなきっかけで来所したのかを整理すると、両機関共通で、主に次の5種類の経路にまとめられた。「自分で調べての来所」「学校（就職課等）からの紹介による来所」「家族・友人からの紹介や影響を受けた来所」「他の就労支援機関（ハローワーク、ジョブカフェ等）からのリファーによる来所」「非就労支援機関（市役所、児童相談所等）からの紹介による来所」、である（**図表Ⅱ-4-4**）。

自分で調べての来所

　新卒応援ハローワークの来所者の場合、利用したい機能（例えば、特定の就職支援セミナー等）に絞って来所し、個別相談の利用を特に希望しないケースも聞かれた。地域若者サポートステーションの場合、本人がインターネットやチラシ等で情報を知って来所するケースが多いとのことだった。採

図表Ⅱ-4-4　来所経緯

新卒応援ハローワーク	地域若者サポートステーション
自分で調べて来所 ・一部のメニューだけをスポット的に使う来所もある（相談機能を使わない）	自分で調べて来所 ・面接に落ちて就活に困って来所 ・多くの支援機関を渡り歩いた末の来所
学校（就職課等）からの紹介 ・ジョブサポーターの学校訪問をきっかけとした来所と登録	学校（大学就職課・学生相談室）経由 （もしくは、学校→ハローワーク経由→サポステ） ・高校アウトリーチ事業による来所
家族・友人からの紹介 ・親が中心に座り、子は脇に ・子が使ってよい機関かの「偵察」	保護者の影響を受けた来所 ・長期的に外出・交流を避ける子の相談を契機に ・保護者同伴で、強く促されて
ジョブカフェ、サポステ等による紹介	ハローワーク、ジョブカフェ、その他就労支援機関からのリファー
その他（児童相談所ケースワーカー、市役所担当者等）	その他（医療機関からのリファー等）

用面接で失敗し、就職活動に困って来所するケースや、普通の就職活動の一環として来所するケース、多くの支援機関を渡り歩いた末にサポートステーションにたどり着くケース等、様々な状況があるようだった。

学校（就職課等）からの紹介による来所

　新卒応援ハローワークの場合は、学校を定期的に訪問して就職支援を行うジョブサポーターの影響力が大きい。支援の必要な学生にジョブサポーターがあらかじめ声をかけて、学校で仮登録した後、後日の来所を促す事例も聞かれた。ジョブサポーターが学校で日常的に支援を行うことで、「ハローワークは失業者向けの施設なので新卒者向けには関係ない」といった、学校職員や保護者からの誤解を生じにくくさせる効果もあるようである。地域若者サポートステーションの場合、学生相談室等から直接リファーされる場合と、学校側が新卒応援ハローワークを通じて間接的にサポートステーションへのリファーを行うケースがあるようである。一部の高校の場合は連携（アウトリーチ事業）による来所があり、サポートステーションの支援者が高校の進路相談を定期的に行い、進路未決定の生徒や中退リスクのある生徒と互いに

顔見知りになることで、サポートステーションへの来所と切れ目のない支援を行う役割を果たせている。アウトリーチ事業を通じた10代の来所者数の増加を報告した機関も多くあった。

家族・友人からの紹介や影響を受けた来所

　新卒応援ハローワークでは、子の現状を心配して親主導で来所し、相談場面では主に親が話し、子は脇に座ってやや消極的な姿勢をみせているという事例が聞かれた。子が安心して利用できる就労支援機関なのかを親が確認するための「偵察」として来所するケースも聞かれた。地域若者サポートステーションの場合、親がインターネットや自治体の広報誌等からサポートステーションのことを知り、親が本人に強く促す形で、本人だけが来所したり、あるいは親同伴で来所するケースが報告された。「ひきこもり」に近い状態の子の相談をきっかけに、サポートステーションとかかわりをもち始める親もいるとの報告があった。その場合、サポートステーション側が本人の了解をとった上で家庭訪問を実施し、来所へ向けた本人の気持ちを高めるような活動をする事例も聞かれた[10]。

他の就労支援機関（ハローワーク、ジョブカフェ等）からのリファーによる来所

　このケースでは複数の就労支援機関を並行して利用している場合がある。様々なアドバイスを聞きすぎて混乱している来所者もいるため、まずはメインに利用する就労支援機関を本人が絞り込む方がよいとの回答があった。まず、地域若者サポートステーションから（新卒応援を含む一般の）ハローワークへと紹介される場合は、一般就労を目指せる状態にまで仕上がった人が中心となるが、その「見立て」はハローワーク側からみると若干のずれを感じる（すなわち、一般就労を目指すには時期尚早と感じられる）こともあり、個人差が大きいという報告もあった。サポートステーションの来所者がハ

10　一方、近年ではひきこもり支援専門の相談機関も設置されるようになったため、このような相談ケースは減っており、むしろ本来業務である就労支援に特化した機関というすみ分けができつつあるとの報告があった。

ローワークでの支援へと移る際に、その心理的負担を軽くするために、来所者が希望する相談担当者のタイプ（性別、年齢層）を事前に伝達し合うと回答したサポートステーションもあれば、特別扱いをせず、一般の求職者と同様に自律的にハローワークへ行ってもらうと回答した機関もあった。逆に、新卒応援ハローワークからサポートステーションへと紹介する場合は、その来所者が対人関係に不安を感じているケースやコミュニケーションが苦手な人が中心だとの回答があった。一方で、心情的に他機関へのリファーを勧めにくい場合に、ハローワーク内の専門家（臨床心理士等）が対応するケースも聞かれた。

非就労支援機関からの紹介による来所

　新卒応援ハローワークの一部では児童相談所や市役所等から職探しを希望する若年者を紹介されたという事例が報告された。一方、地域若者サポートステーションの場合は、名称が必ずしもハローワークほどの認知度をもたないため、先方の機関がサポートステーションを「就労支援機関」だと認知した後に、リファーによる来所につながることがある。例えば、ある医療機関に対し、障害の可能性が感じられる来所者を何度かリファーしたところ、先方から就労可能な患者を逆に紹介してもらえたというケースが報告された。ただし、非就労支援機関からの紹介の際に、紹介に必要な情報を記述する様式が整っていない場合もあり、リファーを行うのに最低限必要となる情報や問題の把握が不十分なまま（しかも本人に対する説明も不十分のまま）リファーされてしまうケースがあり、支援上の問題として認識されているようであった。本人に明確な来所意思や何らかの窮状（困り感）がなければ、その後の支援が有効なものとはならないため、リファー前の本人の来所動機の明確化は非常に重要な意味をもっている。

(5) 来所者の適性把握の方法

　次に、来所者の進路を方向づける上で重要な情報となる「適性把握」の方法について整理した（**図表Ⅱ-4-5**）。

　新卒応援ハローワークでは、来所者の適性把握について、本人の希望に応

図表Ⅱ-4-5　来所者に対する適性把握の方法

新卒応援ハローワーク	地域若者サポートステーション
セミナーでの実施が中心 ※実施する場合は以下を主に使用 ・能力…GATB ・興味…VPI、VRT	セミナーよりも個別相談の中で活用 ・能力…GATB、WAIS ・興味検査はあまり使わない ・簡易版検査の実施もあり（本格的な検査はハローワークやジョブカフェで）
検査結果のフィードバック ・セミナー内で検査の解釈まで実施 （その場合、個別相談の場では話し合いが行われないことも）	検査結果のフィードバック ・個別相談の中でフィードバックも実施 （他所で実施した検査についても同様）
障害等の特徴が感じられる来所者の場合 ・GATB を活用し、本人の特性を事前に慎重に把握 ・興味検査は活用しない	障害等の特徴が感じられる来所者の場合 ・能力検査（GATB、WAIS）を医療機関へのリファーの際の、見立ての補助資料として活用 ・興味検査はこだわりを助長する恐れがあるため、実施には慎重な姿勢
（該当なし）	セミナーでの「行動観察」が、適性に関する有用な情報を提供

じて、個別相談時、または集団形式の職業適性検査セミナー等で、実施から結果解釈まで行う形が一般的であった。適性把握の中でも最も多く実施されているのは「職業興味」の把握で、具体的には VPI 職業興味検査や VRT（職業レディネス・テスト）等の、紙で行う適性検査が使用されていた。「職業能力」の把握については、一部の機関において GATB（厚生労働省編一般職業適性検査）が活用されていた。検査結果について、後の個別相談の場で再び活用されるケースも報告された。一方で、発達障害等の可能性が感じられる来所者に対する適性把握では、職業興味よりも職業能力面の把握の方が相談場面で役に立つという回答が一部の機関から聞かれた。職業能力のアセスメントを通じて来所者の就職可能性を判断したり、次の支援ステップ（医療機関の受診等）につなげるためのヒントを得るといった使い方が明らかとなった。

　地域若者サポートステーションにおいても、来所者の適性把握は新卒応援ハローワークと同様の適性検査を活用している機関が多くあった。主に個別相談の中で活用されるケースが多く、近隣の他機関で適性検査を受けられる

環境がある場合はそこで受検してもらい、結果と解釈をサポートステーションの個別相談の場に持ち込みながら活用する方法も採られていた。適性検査を実施する具体的な場面とは、本人の進路の方向性がみえず自己理解が進んでいないケースや、発達障害等の可能性が感じられるケースで、自己理解の一環として客観的なデータを得るために受検を勧めるというケースが聞かれた。受検の前には来所者本人の了解と納得を得ることが前提である。活用している具体的な適性検査として、興味系検査（VPI、VRT）よりも、能力系検査〔GATB、WAIS（ウェクスラー成人知能検査）〕の実施機会の方が多いという回答も一部の機関から聞かれた。一般に、能力検査の実施には手間と時間がかかり、検査結果を受け止めることは自分の能力を直視することにつながるので、誰もが安易に受検できるものではないし、結果をフィードバックするためには興味検査以上の慎重さが求められる。そうであっても、能力検査という客観的基準に照らすことで、来所者本人が自分の極端な不得意分野や、特性の偏りを自覚しやすいというメリットがあり、本人の漠然とした不安が和らぐケースもあるとの報告もあった。支援者側にとってのメリットとしては、検査結果を今後の支援方針の検討に役立てられる点がある。例えば、医療機関等へのリファー時に見立ての補助資料として添付することで、客観的で信頼できる情報提供が可能となる。

　さらに、サポートステーションでは適性検査以外の適性把握の方法として、セミナー等での「行動観察」も重視しているとの報告があった。例えば、セミナーでの本人の集中力、手先の器用さ、集団行動がとれるか等の情報である。こうした行動観察の結果は、個別相談でこれまでの活動を振り返るための材料として活用される。特に、適性検査の受検を希望しない来所者の適性把握には、行動観察を通じたアセスメントは重要な判断材料となっていた。

４　就職困難と感じられる来所者の現状と対応

（1）支援者目線による就職困難者の特徴（困難性を判断する手がかりと「見極め」）

　相談担当者（支援者）が一部の来所者に対して「この人は就職が難しいのではないか（就職が決まるまでに時間がかかるのではないか）」と察知する

場合の、判断材料や手がかりについて、回答を整理した[11]。本節では新卒応援ハローワークおよび地域若者サポートステーション両者の回答を次の4つの観点にまとめた。この中で、観点A〜Cは新卒応援ハローワークおよびサポートステーションに共通にみられるものであったが、Dはサポートステーションのみにみられる観点であった（**図表Ⅱ-4-6**）。

A：本人の置かれた客観的状況・外的環境等から察知できる「困難性」

B：本人自身の問題から察知できる「困難性」

C：本人と支援者との関係性（相談）の中から発見される「困難性」

D：セミナー等の集団行動の中で発見される「困難性」

A：本人の置かれた客観的状況・外的環境等から察知できる「困難性」

　客観的状況・外的環境等から察知される困難性とは、来所者が相談に訪れたときの様子や、来所経緯、聞き取りの中で判明された様々な事柄から支援者が困難性を察したケースを指す。

　まず、年齢の高さ（30代以上等）、ブランク（ひきこもりや、社会交流や社会経験の乏しい状況を含む）の長さ、過去の応募歴等といった、経歴上にみられる特徴的な経緯から困難性を察知できるケースが報告されている。「過去の応募歴」とは、ハローワークの窓口を通じての応募歴という意味であるが、過去10回以上の応募歴や、半年間で40〜50社といった多数の応募歴、早期の離転職を繰り返している場合で困難性が察知されやすい。「高学歴で面接失敗の連続」とは、学力が高くて筆記試験には合格するが面接での不合格を繰り返すケースで、本人が志望を諦めきれずに困難に陥りやすいという報告があった。

　2番目は、就職活動を行う以前に、本人の障害や疾病等への対策が必要なため、一般的な就労支援と比べて時間がかかると思われるケースである。例

11　支援者がある来所者に対し「就職困難性が高い」と見立てたとしても、見立て違いや、あるいは予想外の出来事が起こり、早期に就職決定することも当然あり得る。したがって、本節で示すのはあくまでも支援者からみた「第一印象」としての就職困難性の高さという意味であり、必ずしもその後の困難性が完全に決定されたという意味ではない。

図表Ⅱ-4-6　就職困難性を察知する支援者側からみた手がかり

A：本人の客観的状況・外的環境から察知
・年齢、ブランク（ひきこもり）、過去の応募歴等（高学歴で面接失敗の連続等） ・就職活動以前に障害特性や疾患等への対策が必要 ・家庭環境（親が非協力的等）、生活習慣上の問題
B：本人自身の問題から察知
・労働市場・就職活動等の知識不足、社会的なマナー違反 ・適性検査の結果等から判明（動作の不得意、指示内容の誤解等） ・心理面（自己肯定感低い、現実逃避、働く目的の自覚不全、自己開示への極度な恐れ等） ・思考特徴面〔価値観固定化、思い込みが激しい、自己理解不足（等身大の自己像の受け入れを拒否）〕
C：本人と支援者との相談の場で発覚
・五感で察知（目線、言葉遣い、服装、字の書きぶり） ・コミュニケーション上の問題（会話不成立、質問の意図や指示への無理解や誤解、攻撃的・批判的言動、アドバイスの受け入れ困難、思考不一致等） ・依存傾向、主体性欠如
D：セミナー等の集団行動から発覚
・受講態度と指示の理解度に問題 ・作業スピード、手先の器用さ

えば、簡単と思われる物事でも「複数の物事を同時進行でこなせない」という事実を本人から聞いた場合に、何らかの障害の可能性を感じ、一般的な就職活動と比べて就職決定に時間がかかりそうだと判断するようである。

　3番目は、家庭環境・生活習慣・経済的状況等といった、本人の周辺環境の問題から就職困難が予想されるケースである。家庭環境、特に親子関係については、親からの協力が得られるかどうかが本人の問題解決に大きな影響を及ぼすという回答があった。親子関係が良好であったり、親が受容的な態度の場合には比較的支援がうまく進みやすいが、特に親と子で意向が違う場合は支援が難しくなる傾向にある。生活保護世帯の子が就労しようとする場合は、社会参加への意識をもつことの難しさと、親子関係の問題が絡むため、支援が難しいという回答があった。このように、本人以外の環境面での調整が必要となるケースでは一般に支援が難しくなる。

B：本人自身の問題から察知できる「困難性」

　本人自身の状況や問題が原因となって察知される「困難性」とは、若年者ゆえの経験不足や知識不足が原因のこともあれば、適性検査の結果から判明することもある。あるいは、本人の心理・思考特徴面での特徴から問題が察知される場合もある。

　知識不足からくる問題とは、例えば、ハローワークで求人票の中で重要な部分（就労場所、仕事内容等）を確認しないまま紹介状の発行を求める来所者や、休日の多さ、残業の少なさといった福利厚生面だけを過度に注目し過ぎて、実際に応募できる求人が見つからないケース等が報告されている。職業理解に偏りがあり、狭い視野に基づいて職種を絞り込み過ぎている場合にも困難性を感じるとの指摘もあった。また、就職情報をパソコンの前に座っているだけで完結させようとする人は苦戦するといった回答もあった。社会的なマナー違反とは、例えば、「書類の向きをそろえて提出しない」ことや、「カバンからぐしゃぐしゃになった紙を提出する」等の事実から判断されるようである。このような態度が相談時に見受けられた場合に、企業への面接の際や入社後も同様の態度が出るのではないかと予想され、支援者によっては就職困難性が高いと感じるようである。

　次に、適性検査の結果から察知される困難性について、特に能力検査の結果に関する言及がみられた。例えば、GATBの器具検査で手腕を使った動作が極端に遅かったり、スムーズにできない場合や、目と手の動きが共応できない場合、人の指示をよく聞かずに誤解するタイプの来所者は、支援者の第一印象として就職への困難性を感じやすく、そうした特徴を踏まえた上で就職支援をしないと困難に結びつきやすいとの回答があった。

　次に、来所者の心理面での問題から困難性が察知されるケースが報告されている。まず、本人に元気がなく、呼びかけても反応が乏しい状態だと困難性を感じるという回答があった。現実逃避とは、就職相談の場なのに就職と関係のない話題（恋愛や生活相談など）で話を逸らそうとするケース等がある。働く目的の自覚不全とは、本人が就職して働くことに対して本気になれず、現実的でない求人に応募してだらだらと就活を続けてしまうケース等が報告されている。自己開示を極度に恐れるケースというのは、これまでの友

人関係においても自己開示を極力避けてきた人が、面接の場で急に自己開示を求められたときに大きく戸惑う場合があり、就職活動で困難に陥りやすいとの指摘があった。

◆ *自覚不全に関する事例*
　　「面接会に参加し、内定をとるのだが、本気で就職する気がないといってすべて断ってしまう人もいる。見た目に明るく元気でコミュニケーションが取れる人だと、面接の場でも人気を集めてしまい、求人企業側の受けもよいのだが、就職への本気度が低い人もいるので困ることがある。…」

　最後は、本人の思考特徴上の問題から困難性が察知されるケースである。ある価値観にとらわれて自分の考えを変えられない人や、プライドの高い人、思い込みが激しく自己中心的で未熟な企業観のために求人職種の選択肢を自ら狭めている人は、就職活動において困難に陥りやすいことが報告されている。自己理解不足については、来所者自身の自己評価が高過ぎる（スキルが低いのに難しい職種の求人を持ってくる）場合と、低過ぎる（新卒応援ハローワークにおいて、学卒相応でない求人ばかり持ってくる）場合があり、「その求人はあなた向きではない」とミスマッチを指摘しても聞き入れてもらえないケース等が報告されている。このように、自分自身の経験・スキルと応募する求人条件とのミスマッチがあることに本人が無自覚な場合、正しい自己理解を得るまでには時間がかかる。結局のところ、本人が等身大の自分を受け入れるまで待ち続けるしかないとの報告もあった。来所者が訴える「問題（自分の課題）」と、支援者側からみた本人の「問題」とが符合しない場合も、本人が本来の課題に気づき、向き合うのに時間がかかるため、支援の困難を感じるという回答もあった。

◆ *本人と支援者とで問題が符合していない事例*
　　「自分の姿を客観的にみられない人、自分の姿をなんとなくわかっていてもその自分を受け入れられない人も就職までに時間がかかると思う。例えば、1 時間も沈黙が続いてしまうなどコミュニケーションが極端に苦手な人にもかかわらず、資格（特に、人との交渉事を必要とする資格）を多くもっており、自分にはその仕事ができると思い込んでいる人は、自分の姿を客観的にみられない人である。…」

C：本人と相談担当者の関係性（相談）の中から察知できる「困難性」

　来所者との相談の中で支援者が察知する困難性とは、五感で察知できる外見上の特徴や、コミュニケーション上の問題、支援者への過度な依存等である。

　五感で察知できる特徴に関しては、目線、服装、言葉遣い、態度、字の書きぶりや書類記入の極端な遅さといった特徴で、第一印象としての就職の困難性を感じるとの回答があった。表面的な特徴とはいえ、会話を始める前に相手へ違和感を与える可能性もあり、第一印象が大きく影響する面接試験で不利に働くのではと判断するようであった。

　コミュニケーション上の問題について、支援者が来所者に質問を投げかけても無反応で会話が成り立たないケースや、来所者が一方的に話し続けるタイプに就職困難性を感じるとの回答があった。また、支援者からの質問の意図を理解できず、字義通りに受け止めたり、指示内容を誤解したり、アドバイスを受け入れられないケースも報告された。支援者に対する攻撃的・批判的言動や、相談するたびに言動が変わる等の言動や思考の不一致や矛盾、混乱がみられる場合にも、支援のしづらさから困難性を感じるとの報告があった。

◆ コミュニケーション上の問題がある事例
　　「会話のキャッチボールの中で、支援者側が何を言っても『考えます』としか答えないケースは、親から連れてこられた場合に多いが、支援が難しい。…」

　本人の就職活動に関して支援者に過度に依存したり、主体性欠如が相談の場で発覚することもある。例えば、自分に合う仕事を教えてほしいと言って他力本願な態度をとったり、応募書類の一字一句を相談担当者に添削してもらおうとする等の状況が報告された。また、親に連れられて来所したために本人の来所動機が不明瞭で、困り感がないケースでは支援側が苦労するとの報告もあった。本人が「就職活動は主体的にすべきもの」と自覚できるまでは、就職活動が困難になると支援者は感じていた。

D：セミナー等の集団行動の中で察知できる「困難性」

　セミナーやプログラム等の集団行動で察知される困難性とは、ひとつは、他者や講師とのかかわりの中でみられる受講態度やマナー、指示内容の理解度から困難性を察知したケースを指す。もうひとつは、セミナーで求められる作業に対する出来栄えやスピード、器用さなどから困難性を察知したケースである。サポートステーションにおいて、福祉施設や発達障害者支援センター等からリファーされた来所者に対し、リファー元の意向もあり、就けそうな職種の「見立て」について、行動観察を通じて行うという回答があった。

(2) 配慮、対応の仕方

　以上のような就職困難性を察知した支援者が実際に行う配慮や対応について、「基本的な態度や心構え」と「対応の工夫」の両面から整理した（**図表Ⅱ-4-7**）。

① 支援者の「基本的態度や心構え」

　来所者に対応する際に、支援者が留意すべき基本的態度や心構えとしてまず挙がったのは、「傾聴」を中心とした、コミュニケーションをしやすくするための基本的態度や配慮である。来所者の話を慎重に丁寧に聞き、

図表Ⅱ-4-7　来所者の就職困難性に対する配慮と対応

支援者の「基本的態度と心構え」で対処
・コミュニケーションを容易にする態度（傾聴、接し方の注意、話しやすい場の提供、相手を尊重、相談の受け止め）
・信頼関係の構築
・先入観・経験則の排除

支援者の「対応の工夫」で対処
・心理面への働きかけ（褒める、自尊心回復へ）
・課題の整理と提案（支援段階の意識化、視野拡大、思い込み排除、本人の自己決定の支援、できることを中心とした支援）
・問題の防止（問題行動を直接指摘、来所継続を促進、かみくだいた質問の投げかけ、支援を切らさない工夫）
・適切な経験積み上げ促進（現実とのギャップを認識、むやみに面接と不採用を繰り返させない）
・依存脱却（主体的な就職活動を促進、自立の遅れ防止）

受け入れて、来所者が何に困っているのか、来所者の周辺でどんな問題が起こっているのかについて理解する態度が重要だという意見が得られた。また、質問への反応がなくてもせかさない、あいまいな表現を避ける等が挙げられた。「こうしたらうまくいく」といったノウハウ的な情報提供では来所者の心に響かないため、本人の考えを尊重し、失敗前提で思い通りに活動してもらうという回答もあった。

　次に、重要な心構えとして指摘されていたのは、来所者との信頼関係の構築である。信頼関係を構築する際に誤解が生じると、来所者が支援者に一方的に（過度に）依存することにつながりかねないので、関係構築には慎重さが求められるとの意見があった。また、他機関で解決困難だった問題がサポートステーションへ「最後の砦」として持ち込まれた場合、先に医療機関を利用する方がよいと（つまり、現時点ではサポートステーションの支援対象外だと）判断された場合であっても、まずは支援者として相手と向き合い、信頼関係を十分に構築した上で他機関への紹介を行うとの回答があった。来所者が「たらい回し」という印象を抱いて傷つくことのないような配慮がなされていた。

　もう一点、重要な心構えとして指摘されたのは、来所者と初めて接するときに、これまでの支援で培われた先入観や経験則を一切排除するように心がけるという回答であった。就職困難者に接する経験が増えれば増えるほど、「この来所者も就職が難しいのではないか」というように、経験則に基づいた見立てを無意識で行う場合がある。業務を遂行する上で、就職困難性への「気づき」に敏感になることは重要だが、その第一印象に基づいて安易に見立てることは誤った支援につながる危険性があると考えられる。

② 　支援者による「対応の工夫」
　支援者の「対応の工夫」は、主に次の5つの内容に整理できた。

1：心理面への働きかけ
　「心理面への働きかけ」を行うことは、多くの機関で共通して指摘され

ている。来所者の多くは就職活動のつまずき等から自信を失い、自己肯定感が低い状態にあるため、支援者はその事情を十分理解する必要がある。来所者の就職活動の内容を聞き取り、これまでの活動状況を承認し、長所を見つけて褒め、時には来所できた事実だけでも褒めるとの回答があった。気持ちを底上げするような働きかけが有効という意見もあった。やればできるのに自己評価が低く、他者と比べて良い部分がないと悩んでいる来所者には、どんな小さな事柄でも、できている事実を支援者が探し出して褒めるという手段がとられることもある。自己 PR できる部分が本人が想像しているよりも多いという事実に気づいてもらうよう働きかけるとの報告もあった。

2：課題の整理と提案

　「課題の整理と提案」とは、具体的な課題解決への道筋をつけるための対応を意味する。

　課題の整理にはいくつかの段階がある。まず、来所者には自分の現状や問題を正しく自覚し、就職へ至るまでの道筋で現在どの段階にあるのかを認識してもらうことが重要である（支援段階の意識化）。支援者は来所者の自己理解を支援し、現状の支援段階について来所者と共通認識をもつ。そして、当機関で支援すべきか他機関へリファーすべきかを含めて、支援者は適切な支援内容や目標を来所者とともに設定する。その目標設定には、来所者自身が問題を解決したいという強い意思をもつことが重要である。目標を設定したら、その目標や今後の見通しを来所者と支援者とで共有しながら、来所者がその目標へ向けて活動できるよう支援者が働きかける段階となる。「今後の見通しを（来所者に）何度も繰り返し説明する」という回答もあった。来所者の中には、課題への直面化を避けてしまい時間がかかる人や、課題が解決できない（解決の手段がない）と思い込んでいる人もおり、支援者としてはじっくりと待つ姿勢で対応するとの回答もあった。課題への直面化を避ける来所者に対しては、支援者が本人の課題に切り込んでゆく（踏み込んでゆく）対応も時には必要となるとの回答もあった。

◆ *課題の整理に関する事例*

「本人から聞いた話をまとめて、今のあなたの状況はこうですね、とまずは受け止めている。本人が問題を抱えた上で来所したということは、現状を変えたいという意思の表れでもあるので、その意思を聞き取り、そこまでに横たわる課題は何かを明らかにし、何から始めたらよいかを一緒に考えるようにしている。今すべきことを本人と支援者との間で共有し、本人の意思を確認するようにしている。当機関でできることとできないことについても、面談の場で本人と共有し、確認する。…」

　「思い込みの排除・視野拡大の提案」とは、特に既卒の来所者に対して、学生時代の就職活動よりも（職種や業界について）視野を広げて活動を進めるようにアドバイスするという回答があった。

　「本人の自己決定の支援」とは、支援者が課題解決へ向けた手段を示すのではなく、あくまでも来所者の自己決定を重視するという姿勢である。失敗する可能性が高いとわかっていても来所者が自分で決定した方向性を支援者は後押しし、その過程で方向修正への気づきを得てもらう等の方法が採られることがある。ただし、本人が失敗してもすぐに相談できるよう、万全な支援体制を整えておくことが条件となる。一方で、本人の自己決定を重視しつつも、本人のできることや長続きすることに注目した支援を行うという回答もあった。例えば、臨機応変さが苦手な人には一部のサービス業には向かない可能性があり、むしろ一つ一つの仕事に対して細かい指示を出してくれるような職場の方が長続きしやすいことがある。このように、「できる仕事」へ就くための機会を提供できるように、来所者の意思を尊重しながら支援者が方向づけすることもあるという回答も聞かれた。

3：問題行動の防止

　「問題行動の防止」とは、来所者の態度や行動が一般常識に照らして問題があると判断された場合に、お互いに信頼関係を築いた後で支援者が直接その点を指摘し、修正してもらうという対応を指す。支援者に指摘されて初めて問題に気づく来所者もいるため、「問題行動の指摘」は重要な対応のひとつとなっている。

　例えば、来所者の問題行動でよく聞かれることのひとつに、セミナーや面接等の約束事への無断キャンセルがある。無断キャンセルを行った来所者の中には、不義理をしたという後ろめたさから、次の来所がしにくくなる人もいる。来所や利用が遠のけばその分だけ必要な支援も届きにくくなる。そうした事態を避けるために、支援者側が定期的な声かけを行うなど、いつでもその来所者を気にかけているという「サイン」を送ることが重要だという指摘があった。来所の予定日が近くなると事前に電話し、当日来所できるかどうか再確認するというケースもあった。ここまでの細やかな対応が可能か（あるいは必要か）どうかは、スタッフ1人あたりが扱う人数によると思われるが、無断キャンセルを原因とする支援の遅れを「リスク」ととらえた場合、このような対応策は決して過剰サービスではなく、一定の妥当性があると考えられる。あるサポートステーションの回答によると、サポートステーションでの支援がうまく機能しないと、利用者が次の行き場をなくす恐れがあるため、そうならないよう慎重な対応を心がけているとのことであった。また、万一サポートステーションからの支援が切れても、その来所者の周囲には必ず誰か別の支援者がいるようなバックアップ体制をつくっておくという工夫も聞かれた。

　来所頻度が少なすぎるのとは逆に、本人の精神状態から判断すると来所頻度や就職活動の頻度が多すぎる（活発すぎる）と思われる場合に、適切な活動ペースとなるような引き留めを行うという回答もあった。特に、うつ病等の疾患からの回復過程の人の中には、焦って活動し過ぎる人がおり、何かの機会に落ち込んでしまうとかえって立ち直れなくなり、回復が遅れてその後の支援に支障が出る事例が聞かれた。同様に、いわゆる「ひきこもり」に近い状態の人の中には、「すぐにでもフルタイムで仕事をしたい」という非現実的で高い目標を掲げる場合があるため、ペースを抑えて、段階的に今できることを支援するとの回答もあった。

◆ 適切な活動ペースに関する事例

「危機感から焦って活動する人にはブレーキをかけるようにしている。ハローワークでもサポステでも本人の活動を引き留めることが時には必要である。そうでないと、本人が一気に動き過ぎて、うまく動けなくなったときに本人がつ

ぶれてしまい、支援から遠のく危険性がある。学校や職場で今まで様々な経験をしており、そこで本人なりの考え方や行動のクセが出てしまうとよくない。そうならないように支援する。…」

　そのほかにも、コミュニケーション上の問題を未然に防ぐために、挨拶や応対の仕方を明確にアドバイスしたり、沈黙しがちな人にYes/Noで答えられるようなかみ砕いた質問を投げかける工夫を行うという回答もあった。社会で求められる知識やスキルをかみ砕いた形でしっかりと伝達し、指導するという支援者の回答もあった。

4：適切な経験の積み上げ促進

　「適切な経験の積み上げ促進」とは、社会経験が少ない若年来所者に対し、就職活動の経験をとにかく多く積み上げて現状を体感し、理解してもらうという回答や、経験を積み上げる過程で自分の実力（特に、実力の低さ）を認識してもらい、等身大の自己理解につなげてもらうという回答があった。

　その一方で、若年来所者は単に経験を積めばよいのではなく、適切で質の伴った経験を積み上げることが重要だという指摘もあった。例えば、過去に負の経験があったために心に傷を負い、自信を失っている来所者については、不適切な経験（例えば、むやみに採用面接の受験と失敗を繰り返すこと等）を積み続けることで、精神状態をかえって悪化させる恐れがある。したがって、自尊心を損ねないよう、適切な経験を積み上げることが重要であり、支援者側もそのための配慮が必要だとの報告があった。求人への応募に対して強い不安がある人には、アルバイト求人への応募を行い、実際に「受かる」体験をしてもらうことで、不安を緩和させるという報告もあった。

5：依存脱却

　「依存脱却」とは、支援者への依存を防ぎ、主体的な就職活動を進めてもらうための対応を指す。来所者の自主性を妨げないための対応策として、例えば、支援者が一定の距離を保ちながら来所者自身に考えさせ、自

己PRや志望動機などをまとめてくるよう促したり、運転免許を取る等の具体的な行動を勧めるといった回答があった。支援の行き過ぎで支援機関での居心地が良くなり過ぎて、依存心が芽生え、結果的に来所者の自立が遅れることのないよう配慮するという回答もあった。

(3) 障害や精神疾患等の可能性がある来所者への具体的な配慮と対応策

次に、就職困難な状況に陥りやすい来所者像の一例として、障害や精神疾患等がある来所者（その可能性が感じられる場合も含む）に対する支援や対応の工夫、支援の難しさ等についての回答を整理した。

まず、相談担当者が相談を通じて接した具体的な障害名や疾患名については、発達障害（アスペルガー症候群等）、精神障害、うつ等といった名称が多く挙げられた。うつ等の精神面での不調について、来所者が自発的に申告するケースもあり、開示へのハードルは下がっているのではとの指摘もあった。来所者には、行動・外見上の特徴（字の形、書類記入にかかる時間、相談場面での態度等）、経歴上の特徴（高学歴に見合わない単純作業の従事歴が多い等）、性格・思考上の特徴（こだわりの強さ、精神不安定、言語表現の苦手さ等）が明らかにみられる場合もあれば、一見して気づきにくい場合もあるとの回答もあった。

明らかな特徴をもつ来所者に接すると、就職が難しそうだと感じる支援者も多いようである。しかしその一方で、障害や疾患の有無と「働きづらさ」とは別問題だとの指摘もあった。自分の特性とうまくつきあうことのできる職場や、働きやすい職場で働けている人も多いとの指摘もあった。その鍵となるのが、本人にその職場になじめるだけの社会性があるかどうか、家庭の理解と適切な教育があったかどうかという面であった。また、障害等の有無とは関係なく、本人の就労意欲を確認するという回答もあり、そもそも本人に就労へ向けた前向きな意欲が備わっているかどうかが就職成功と定着には重要だという指摘があった。

◆ *働きづらさに関する回答事例*

「障害の有無と、『働きづらさ』とは別の話であり、障害があっても働きやすいところに入っている人はいる。相談、必要に応じた検査、仕事体験でのフィー

147

ドバックを通じて、苦手な部分を明確化している。大切なのは、第一印象に引きずられないようにすることである。…」

① 支援者としての配慮と具体的な対応策

　次に、障害や精神疾患等の可能性がある来所者に対する支援者の対応について、回答を整理した。支援者の心がけや配慮といった基本的態度の側面と、支援者としての判断と検討、具体的な対応策について述べる（**図表Ⅱ-4-8**）。

図表Ⅱ-4-8　障害・精神疾患等の可能性がある来所者への配慮と対応

心がけ・配慮
- 同じ担当者が話を聞く
- 聞き方に配慮（肯定的に・経験則や予断排除）
- 自傷・他害の徹底防止
- 根拠のない励ましをしない
- 信頼関係の構築を重視（特に支援の初期段階）
- 相談を切らさないよう配慮

支援者としての判断と検討
- 医師の就労許可等の確認
- 家庭の支援状況、「生きづらさ」の判断
- 所内外専門家へのリファー、有効な支援プログラムの検討

具体的な対応策
- 適切な活動ペースの維持
- 説明の仕方の工夫（順序立てた説明）
- 求人紹介時の工夫（得意分野の見極めと書類上の工夫、受入企業へ事前伝達）
- 受容へ向けた工夫（他機関への同行、伴走支援）
- 必要知識の伝達（職場内での振る舞い方を具体的に提案）

1：心がけ・配慮

　基本的には同一の支援者が相談を継続して担当し、来所者が自分の問題を何度も話さなくて済むようにするとの報告があった。来所者の自発的な意思を尊重し、話を慎重に聞き、肯定的に受け止めるよう配慮し、経験則や予断をもたずに対応することが重要だとの指摘もあった。また、精神的に追い詰められて緊急の支援を必要とする来所者の場合には、その状況に

配慮し、自傷や他害をさせないことが何よりも重要だという指摘もあった。

　コミュニケーション上の配慮で、論理的でない評価や根拠のない励ましを行わないよう留意しているとの回答もあった。障害特性により、論理的でないものに対し拒絶反応を示す場合があるからとのことであった。

　信頼関係の構築も重視されていた。特に、支援の初期段階では、信頼関係をつくりながら相性を見極め、支援者としての立ち位置やアドバイスの仕方をどのような目線で行うとよいか（先生の目線か、親の目線か等）を判断しているという回答もあった。

　今後の支援が継続するよう、相談を切らさないよう配慮しているとの回答もあった。定期的に来所してもらうことによって、継続的な支援ができ、問題の早期解決が期待できる。本人が就職の難しさを感じて前に進めなくなることのないよう、心を開いてもらうよう配慮しているとの回答もあった。

2：支援者としての判断と検討

　まず支援を始める前に、医師による就労許可証の有無の確認や、本人が自らの状態を客観視できるような精神状態にあるか等、来所者本人が就職活動可能な状態にあるかどうかを確認することが重要との指摘があった。就職活動には自己分析で自己を見つめる活動が多くなるため、そうした活動に耐えられるだけの精神状態にあるかを見極める必要があるからとのことであった。また、本人の自己申告による服薬の状況から診療の進捗（回復期にあるかどうか等）を推測し、今後どのようなペースで就労へ向けた活動を始められるのかを検討するという回答もあった。

　就労支援機関からみて「就労可能」と判断された場合、本人の家庭環境や生活環境についても把握する必要がある。特に大きな影響を与えるのが、家族（特に両親）からのサポートの有無である。家族が支援に対して前向きであったり、両親ともに支援に対する考え方が一致している場合は、比較的順調に進みやすいとの回答があった。ほかに、経済面・生活面での問題の有無が本人の就労の困難性に大きな影響を与えるという指摘もあった。

障害や精神疾患等の可能性がある来所者の場合、本人の将来を総合的に考えて「生きづらさ」がどの程度あるのかを判断するという回答もあった。例えば、その来所者が将来採用面接の場に行った際に、企業から「採用に値する人物」としてみられるかどうかを判断するとの回答もあった。

　本人の家庭環境や生活環境、生きづらさ、能力や適性面の状況を総合的に把握した後、最適な支援プログラムの検討を行う。サポートステーションの場合、基本的には機関内のプログラムで対応するが、サポートステーション事業以外のプログラムも利用可能な場合はそれらを含めて検討する。例えば、一般就労は難しいが働く体験が必要だと判断された場合に、地域内の中間的な就労の場で「お手伝い」をするプログラムに参加してもらう等のケースが報告されている。

　◆ 生きづらさの判断に関する事例
　　「発達障害の場合、本人の将来を考えた場合に『生きづらさ』がどの程度あるか、面接担当官の立場でみたときに本人がどう（採用に値する人物として）みえるか、将来本人が自立して生きていくために手帳が必要かどうかを、（診断ではないが）ある程度検討しなければならない。この検討のプロセスを避けると支援の方向性がふらついてしまう。そのため、検討のプロセスにはできるだけ向き合っていこうと考えている。…」

3：支援者の具体的な対応策

　他機関へのリファーではなく、当機関で対応できると判断された場合、支援に関する具体的な対応や工夫の仕方については様々な回答があった。

　まず、就職活動のペースを適度に維持させることの重要性が指摘された。例えば、うつ病の回復期等で、焦って就職活動を進めがちな人には意識的にペースダウンさせる対応をとったり、服薬の中断がないように注意を払うとの回答があった。支援はスモールステップで行い、一つ一つの小さな段階を追って支援を積み重ねてゆく。来所者の精神状態や体調については常に注意を払い、慎重な対応を心がけているとの回答もあった。

　説明の仕方を工夫するという回答も得られた。一度に多くのことを説明せずに、順序立てて（整理して）説明したり、メモや図式化を多用するといった工夫もみられた。

　求人紹介の際の工夫も聞かれた。例えば「こだわりの強さ」をもつ来所者の場合、その特性を「得意分野」と考え、できる作業を見極めて、本人に合う仕事を切り出すという工夫である。ただし、それは簡単なことではなく、本人が希望している内容がたまたま本人のスキルに合っている場合に限られるとのことであった。受入企業側に直接働きかける事例も報告された。例えば、障害とまではいえないがやや特徴の強い人が面接を受けに行く際に、履歴書以外に自分の苦手分野と得意分野を書いた「自己紹介書」を作成し、企業側の事前理解を求めるという工夫も紹介された。

　本人の特性に対する受容へ向けた工夫として、発達障害等の可能性が感じられる来所者に対し、確定診断を得るために医療機関での受診や適性検査の受検を勧めるという回答もあった。医療機関への行きづらさを感じている人には、同行や伴走支援をするという回答も得られた。

　就職活動や就労に必要な知識やスキルとして、職場内での振る舞い方を具体的に提案するという回答も得られた。例えば、ストレス耐性が弱い人に、職場で起こり得ることをシミュレーションし、対処法を具体的に学ばせるという対応策も聞かれた。依存症の人に対して、「当事者の会」に関する知識や情報提供を行うという回答もあった。

②　支援や対応の難しさと課題

　障害や精神疾患の可能性が感じられる来所者に対し、支援現場では先にみたような様々な配慮や対応の工夫がなされているが、それでも支援上の困難さや課題が残ることがある。本節では、困難が生じる原因を3点（来所者本人の問題、家族関係、それ以外）に分け、各原因に沿って支援上の困難について整理した（**図表Ⅱ-4-9**）。

1：本人の判断力に起因する困難性

　来所者自身の判断力が原因で支援が困難となるケースは、本人が自分の困難性を多少自覚しているケースと、全く自覚がないケースとに分かれる。前者の例では、来所者が精神疾患等で通院中や服薬中にもかかわらず、それを支援者に開示しなかったために、来所者に即した適切な相談が行え

図表Ⅱ-4-9　障害・精神疾患等の可能性がある来所者への対応の難しさ

本人の判断力に起因する困難性
〈困難性を多少自覚している場合〉
　・本人が通院状況を明示しないケース
〈困難性の自覚がない場合〉
　・「困り感」欠如と無自覚による支援困難
　・医療機関への受診タイミングが困難
　・（診断名がついた場合）本人の受容困難
　・本人の自己決定を尊重するため、本来必要な支援の提供が困難

家族関係に起因する困難性
　・一般就労困難な現実を、家族が拒否する場合に支援困難
　・家族が受容を拒否することによる、支援選択肢の縮小と支援の膠着

支援上で生じた課題による困難性
　・支援の行き過ぎに伴う困難
　　（応募書類を支援者が修正して本人が就職できても、本人の職場定着が困難）
　・医療機関と就労支援機関との見立て不整合と、指摘する手段の欠如
　　（「就労可能」判断に対する違和感、それを医療機関に伝達することの困難）

ず、支援が回り道になってしまったとの報告があった。この背景として、支援者と来所者との間に十分な信頼関係を構築できていなかったことも挙げられるだろう。

　一方、後者のように、来所者本人に困難性の自覚がない場合は、様々な場面で支援が困難になり得る。まず、本人に困難性の自覚がないために、困っている現状（困り感）を支援者に訴えることができず、本来は特別な支援が必要にもかかわらず、その支援段階へと進めない「もどかしさ」が支援者に感じられるとの報告があった。例えば、本人は、まず就職したいと支援者に訴えるのだが、就職活動以前に解決すべき他の課題（例：障害特性、家庭の問題等）があり、現実には就労相談とならないので支援者側が困っているという事例が報告された。支援の場では本人の「自己決定」が尊重されるため、特に本人の判断力に問題がある場合には支援が難しくなる。つまり、本人が自発的に「困り感」を示さない場合は、支援者側で勝手に支援を進められない。そのため、支援者は、本人に困難性の自覚をもたせるための様々な方策（求人への応募経験と失敗を繰り返し経験させる、本人の適性と合わない分野での就労体験をさせる等）を講じることに

なる。来所者自身が「自分の希望する方向に進もうとしても結局うまくいかない」ことを経験し、自覚することで、ようやく支援者が進めたい支援の方向へと進むことができるが、その自覚が得られるまでには相応の時間を要するとのことであった。

◆ 自己決定に関する回答事例
　『『自己決定ができる状況』とはどのような状況を指すのか、自己決定力が乏しい人にはどう支援すべきか等について模索している。ある人が『○○になりたい』と言ったとしても、本人の判断力の低さや思い込み、認知の仕方の癖によって、必ずしも自己決定の内容が適切でない可能性があるとき、その支援の仕方が難しい。例えば、思い込みの枠を外すような支援を行うこともある。経済力や経歴がないために先へ進めないと思い込んでいる人に対しては、その思い込みを外すような支援をしていくことが重要だと考える。…』

　医療機関の受診や手帳取得を勧める「タイミング」を見極めるのが難しい、という指摘もあった。医療機関への直接の受診を進める前に、機関内に所属する臨床心理士等が対応するケースがあるが、普段接する相談担当者とは異なるので、来所者に警戒されるのでそのタイミングが難しいとの指摘もあった。「臨床心理士等による特別な支援は必要ない」と本人が拒絶すると支援の遅れにつながるので、最適なタイミングを見計らうためにも、来所者の微妙な変化を見逃さないような慎重さが支援者には求められる。

　さらに、医療機関での受診の結果、障害が認められた場合に、その現実を本人や家族が受容することにも困難さが伴い、時間がかかることが多いと指摘されている。特に手帳取得を勧める場合は、必ず親の同意が必要となるので、家族の受容も不可欠である。本人が受容できても、親や学校に知らせないでほしいと訴えるケースもある。親子ともに現実を受け入れられる方が支援も先に進みやすく、一方で、親子で意見や認識がずれていると支援が進まないとの指摘も聞かれた。

2：家族関係に起因する困難性
　本人の家族（親）が障害受容できないために、就労支援上の困難性が高

まるという回答を整理した。特に、面談を通じて本人と深くかかわれるサポートステーションから多くの回答があった。例えば、知的障害を伴わない発達障害が成人になってから判明したケースでは、進学は問題なくでき、高学歴の場合もあり、就職活動の段階で今さら障害の存在を受け入れられないというケースも多く聞かれた。障害特性が原因で、一般の大卒者が就職するような（特にホワイトカラーの）仕事に就くことが難しい現実を親が認めず、一般就労にこだわり続ける事例も聞かれた。その場合、本人がたとえ「自分のできる範囲での就労」を希望していたとしても、家族からの協力が得られないため、就職へ向けた道のりは非常に困難になる。子がサポートステーションでの支援を望んでいるが、親が拒否する場合も同様に困難となる。また、両親や親戚等、複数の家族間で一致した見解を示していない場合も、支援が難しいという報告があった。このように、家族の障害受容が進まないと、本人に適した他の支援機関（障害者向け等）へのリファーもできないため、相談を継続することはできるが、支援の選択肢が少なくなり、停滞しがちになる。そのため、本人や家族の自覚を待つまで「一定の距離を置く」対応をとらざるを得ないという回答もあった。

3：支援上で生じた課題に起因する困難性

　最後に、本人を取り巻く支援体制上に生じた課題や問題のために支援困難に陥るケースをまとめた。ひとつは、支援の「行き過ぎ」に伴う弊害の問題である。例えば、応募書類の手直しをする際に、本人の実力を超えた面まで手直ししてしまうと、表面上の就職には成功するが、その後定着できずに離職につながるという指摘があった。応募書類の手直しはよく行われている支援内容ではあるが、どの程度まで修正すべきかの判断は重要であり、来所者の依存を生まないような工夫が求められる。

　もうひとつは、医療機関から得られた見立てに対する取り扱いの問題である。特に、医療機関から「就労可能」の許可が出ている来所者の様子が、就労支援機関側の見立てでは「就労は時期尚早」と言わざるを得ない場合に、就労支援機関として支援上の困難を感じるとの報告があった。例えば、本人が厳しい就職活動に耐え得る精神状態まで回復していない等のケース

である。本人は、医療機関から「お墨付き」をもらって来所したと思っており、就労が「時期尚早」であることを自覚させるのは簡単なことではない。

　このように、就労可能の判断に関して、就労支援機関と医療機関の見立てが不整合を起こしている場合、医療機関へ確認をとるといった踏み込んだ措置をとることは一般的には難しい。そのため、来所者本人に「時期尚早」という現実を自覚してもらうためにも、失敗経験を積み上げる等の方策をとるしかないという回答もあった。このように、「就労可能」の定義や判断については、医療機関と就労支援機関とで大きく隔たることがあり、それが来所者への支援を困難にすることがある。

5　まとめ

(1)　支援状況のまとめ

　本章では、新卒応援ハローワークと地域若者サポートステーションという2つの支援機関を取り上げ、特に就職困難を抱える若年者への支援の実態を報告してきた。

　就職困難な来所者の特徴を踏まえる前に、最初に、各機関の標準的な支援手順と、一般的な来所者像や支援内容について整理した。標準的な支援手順について、両機関とも担当者制による個別相談がポイントとなっていた。特に地域若者サポートステーションの場合は、相談以外にも短期間の就労体験等の多様な支援プログラムが用意されているケースが多く、支援者は来所者の自己決定を重視しつつ、現状に相応しい支援プログラムを案内し、活動の結果をその後の面談で振り返るというプロセスを繰り返しながら、就職へ向けた準備を行っていた。来所者の適性把握については、両機関とも主にセミナーや個別相談の中で実施し、特に来所者に発達障害等の可能性が感じられる場合には、本人の得意・不得意分野を慎重に見極めるためにも、本人同意の上で能力系検査の実施とフィードバックが行われていた。次に、一般的な来所者像について、新卒応援ハローワークでは、在学中の現役生が大学キャリアセンターと同等の機能を期待して利用する一方で、自己流の就活に行き詰まった学生や、新卒一括採用の流れに乗り遅れた学生や既卒者の利用も

あった。地域若者サポートステーションでは、10〜30代まで利用者層が広いが、自分に自信がなく、コミュニケーションに苦手さを感じる来所者が就職へ向けた準備のために利用するという状況がみられた。来所経緯については、両機関とも、本人が自主的に調べた上での来所もあれば、学校からの紹介、保護者の影響を受けたやや消極的な来所、他機関からのリファーによる来所など、様々なルートが確認された。

　続いて、就職困難と感じられる若年の来所者について、両機関で聞かれた内容を整理した。支援者は様々な状況から来所者の就職困難性を察知するが、その場面は主に4つあり、本人の客観的状況から判明する場合（経歴、年齢等）、本人自身が抱える問題から判明する場合（心理面の特徴、考え方のクセ等）、支援者との相談を通じて判明する場合（コミュニケーション等）、セミナー等での本人の行動から観察される場合（作業の遅さ等）であった。そうした就職困難性に対し、支援者は傾聴や信頼関係の構築といった基本的態度で接するとともに、来所者の心理面への働きかけや課題解決へ向けた提案等の工夫を行っていた。中でも、障害や精神疾患等の可能性が感じられる来所者に対しては、傾聴や信頼関係の構築を十分に心がけ、本人が就労可能な精神状態にあるかどうかを慎重に見極めながら、適切な就活ペースを守るよう支援を行っていた。このような、慎重な対応が求められる来所者への支援に際し、支援者が最も難しさを感じる点としては3点あり、来所者が自分の就職困難性を自覚していない場合（困り感がない場合）、来所者の家族が障害特性を認めない場合、複数の支援機関（特に医療機関等の非就労支援機関）で就労可能に関する見立てに不整合が起こっている場合、にまとめられた。

(2) 若年就職困難者の困難性の所在に関する整理

　最後に、若者に生じている就職困難性の所在について改めて考えてみたい。これまでに得られた知見を総合すると、若者の就職困難性は、本人自身が抱える問題や課題（能力、性格、思考特徴、社会経験の欠如、態度など）に依拠する部分が大きいものの、必ずしもそれだけが原因ではないことも明らかとなってきた。例えば、本人の家庭環境や学校、職場での環境が本人の困難

性に影響を与えることもある。支援者個人や支援者の背後にあるリソースの影響も無視できない。そのような点を踏まえて、本人の問題を含め、就職困難性に影響を与える可能性のある様々な「接点」を図示したのが**図表Ⅱ-4-10**である。この図で示された各領域では常に困難性が生じているという意味ではなく、本人以外の要素から生じる就職困難性にもわれわれは留意すべきであり、それを図示したものである。

　図中の①は、来所者本人の特性に依拠する場合の「困難性」である。障害等の傾向を含めた認知面・能力面の偏り、知識不足、態度、精神面の特徴の問題のほか、思考特徴や思い込みの強さなどのクセも、就職困難性に直接影響し得るものである。

　②は、本人の外部環境に依拠する困難性である。特に家庭環境の影響は大きい。親が子の抱える問題に否定的であったり、受容的でない場合は本人の就職困難性につながりやすい。そのほかにも、学校や職場での不適応経験があり、未解決のまま残されている場合は、本人の心理面に影響が残っている可能性もあり、それが就職困難につながる場合もある。

　③は、支援者の特性が影響を与え得る困難性である。接し方の特徴や性別、性格などが来所者の心理面に影響を与えることがある。支援における得意分野と不得意分野がある場合、その点をどう自覚しているか（特に、不得意な

図表Ⅱ-4-10　若年就職困難者の困難性の所在に関する整理

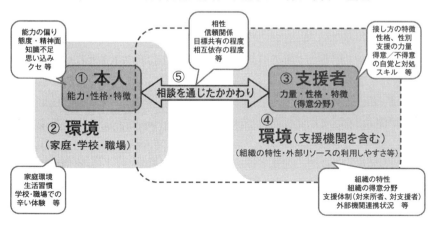

分野ではどの段階で他の専門家に応援を頼めるか等）が重要となる。対処の仕方によっては、来所者の就職活動の進捗に影響を及ぼす可能性がある。

　④は、支援者の背後にある環境が、来所者の就職困難性に影響を与え得る場合である。特にサポートステーションの場合は、受託団体によって支援の特色が様々である。得意とする支援分野には所内にリソースもあり、有効な支援が期待できるが、あまり得意でない分野では支援に支障が出る可能性があるため、その点をカバーできるような体制や、他機関との連携が重要となる。来所者のリファーを日常的にし合っているような他機関を多くもっている機関では、自所の支援の限界を大きく乗り越えられる可能性がある。さらに、支援者個人の業務に対するバックアップ体制の有無も、来所者の就職活動の進捗に間接的ながらも影響を与えると考えられる。支援者も一人の人間であり、どの来所者に対しても最適なかかわり方ができるわけではない。そのような個々人の力量の限界をカバーするのが、組織としての支援である。

　⑤は、支援者が来所者と相談を通じて接した際に影響を与え得る困難性である。相談は一対一で行われるため、「相性の良しあし」は最も大きく影響する。そのほかにも、お互いの信頼関係の程度や、来所者との話し合いの上でつくり上げた「目標」が、どれだけお互いに本気で共有されているかという程度も影響を与える。さらに、相互依存性の問題もある。相互依存性が過ぎると、来所者は支援者の判断や対応に頼るクセがついてしまい、自立の遅れにつながる。支援者側も、目の前にいる来所者を助けたいという一心で誤ったかかわり方をした場合に、来所者の自立心の芽生えや自己決定のチャンスを奪うことになる。互いに支援上の信頼関係を築くことは重要だが、関係性のあり方を誤ると、来所者の困難をかえって助長することにつながるので留意しなければならない。

　本章では、若年就職支援機関が行う就職支援について、対象となる来所者が抱える問題とその対応について様々な角度での分析を交えながら、実態を報告してきた。学校での就職支援の手を離れた若者に対し、各機関は様々なメニューで対応していた。そこで支援者が最も注意深く配慮していたのは、その若者への支援を切らさない様々な工夫であった。コミュニケーションが

苦手な若者でも話しやすい雰囲気づくりを心がけ、最低限、来所が切れることのないような工夫を行っていた。特に、支援の断絶を様々な機関で繰り返し経験させることは、その若者の心をいたずらに傷つけ、就職実現や社会的自立への大きな足かせとなるからである。支援とは、対象者を助ける可能性をもつと同時に、深くかかわるからこそ傷つける可能性にも配慮しなければならない。支援という行為のもつ意義深さ、奥深さをあらためて感じさせる調査結果であったと考える。

多様化する若年者の進路と現代に求められるキャリアガイダンスとは

終章

深町　珠由

1　適性に基づいた進路選択という理想へ向けて

　本書では、**第Ⅰ部**で学校現場（高等学校、大学等）での進路指導とキャリアガイダンスの実態、**第Ⅱ部**では特に就職困難な若者に焦点を当てて支援の実態と対応について検討してきた。学校現場では、高校でも大学・短大・高専・専門学校でも、キャリア教育の制度化等の影響を受けてキャリア教育に関する様々なイベントや取り組みは広がっている。その一方で、高校では希望する進路が多様化し複雑化する生徒とそれに対応するための教員の負担増加の問題、大学等では学生の就学意欲の二極化に伴い、特に意欲の減退した学生に対する教職員の負担増加の問題が明らかとなった。そのような学校現場での負担感を背景とすれば、本来きちんと向き合わなければならないはずの生徒・学生の個性や適性が、必ずしも十分に顧みられることのないまま、先の進路に進んでしまう状況も当然起こり得るだろう。それが、**序章の図表序-5**でみたような、適性に迷いを感じる多くの20代就業者の姿なのかもしれないし、他方で、進路を決めきれないまま学校を離れ、就職困難な状態に陥っている支援機関での若年来所者の姿なのかもしれない。また、本書には登場しなかったが、支援機関への来所という行動にまで至っていない、さらに困難な状況にある若者の存在も忘れてはならない。

　進路選択という、将来の様々な可能性を考慮に入れた意思決定を行うにあたり、自分の「適性」を知ることは、まさに大海原での羅針盤であり、重要な目安となることは間違いない。学校現場では、必ずしも就職支援、キャリア支援ばかりに時間を割くわけにはいかない事情はあるが、それでもやはり生徒・学生の「適性」を把握し、本人たちの自己理解につなげるための活動を何とか継続してもらいたいというのが筆者たちの願いであり、本書から導かれる結論のひとつでもある。

　その理由は２つある。ひとつは、ハローワーク等の就職支援機関でも適性に関する相談を受け付けているが、機関の性質上、どうしても目先の就職を絞り込むための支援に注力しがちだからである。その点で、学校での適性相談は、将来を広く見据えたオープンな相談がしやすい。就職だけでなく、進学を含めた選択肢まで考慮に入れやすいだろう。将来の選択肢を無理に偏らせることなく、純粋に本人の適性を考えることができる場というのは学校の強みではないかと筆者たちは考える。

　そしてもうひとつの理由は、適性把握は狭い意味の将来の職業選択だけではなく、今勉強している学校での就学意欲にも良い影響を与えるからである。本書の中では紙面の都合で十分に紹介できなかったが、**第Ⅱ部第３章**の大学キャリアセンターでのヒアリング調査に協力した学校の中に、卒業時の進路未決定者が少ない学校が何校かあり、その回答校にみられる性質のひとつに、「学生と専門分野との方向性に関するすり合わせ」を入試段階で非常によく機能させていた事例があった。学校説明会を通じて、学生側と大学側が何度もコミュニケーションを取っており、最終的には必要な学力面も担保した上で、専門分野の専攻に合致する学生が入学できているという事例であった。これは入試段階で適性を見抜くマッチングが適正に行われている事例だといえる。つまり、入試を通じて、入学への動機づけがしっかりした学生を確保することによって、学校生活にも将来の就職にも意欲をもってもらい、結果的に学内で就職困難者をつくりださないという方法である。もし、卒業まで意欲が持続できず、学業の途中段階で適性に「迷い」が生じた学生には、キャリアセンターや修学に関する学内の部署で、本人が適性の悩みを正直に相談でき、それに対して丁寧に向き合える支援者がいることが望まれる。適性検査を行う場合でも、単に検査をブラックボックス化して本人の解釈だけに委ねるのではなく、本人の意向や気持ちにも配慮しつつ、適性検査の解釈を第三者としてきちんと向き合えるような相談環境が整っていることが望ましい。解釈といっても、詳細で専門的な解釈は必ずしも必要ではなく、支援者が本人から検査結果に関する感想を聞き、本人の思いを受け止め、共有する程度でも十分機能すると筆者たちは考える。自分の適性を一番よくわかっているのは自分であるし、適性は他者に教えてもらうものではなく、自分で気づく

はずの問題でもある。信頼を置く第三者と「適性」に関する思いや考えを共有できただけでも、若者本人の適性に関する理解や気づきを深めることは十分可能であり、次のステップに進もうとする意欲につながるからである。

では、学校を卒業した、就業中の若者が適性に迷った場合はどうすればよいのだろうか。**序章の図表序-5** で 20 代と比較して 30 代以降で適性の悩みが減少していることを考慮すると、20 代で適性に悩む人が多いのは「将来を試行する」というこの年代特有のキャリア発達過程のひとつとみてとることもできる。適性は入職前に完全に判明するものではなく、また、必ずしも一生固定的なものではなく、社会経験を通じて変化し得るものであることを踏まえれば、仕事に就いて数年たたなければ自分の適性について実感をもって判断できない、という側面もあろう。ただ、そのような場合であっても、自分の向き不向きに関する不安があったときに、安易に離転職へと進むのではなく、その悩みを自由に語れるような「場」が必要である。専門家や他者に悩みを話すことを通じて、また時には新たに適性検査を受けてみることを通じて、自分の向き不向きを自覚できることもあろうかと思う。そのような意味では、若年者向け就職支援機関に期待される役割は今後も大きい。若者特有のキャリア発達過程に付随する悩みに特化した支援が期待できるからである。

2 就職困難な若者へのアプローチ

第Ⅱ部では、大学や就職支援機関でみられる「就職困難にみえる若者」についての検討を行ってきた。様々な若者像が示されたが、端的に言えば、就職活動に対する知識・情報不足から自己流の誤った判断をし、活動が芳しく進まないことで精神的にも追いつめられ、孤立を深め、他者のアドバイスを受け入れられず、袋小路に入ってしまう様子が垣間見られた。さらに、発達障害や精神疾患等の可能性が感じられる若者への支援では、障害受容を含む本人の自己理解の過程での支援の難しさと、本人の特性・適性に合った就業先を見つける際の支援の難しさも明らかとなった。

このような若者に対し、支援者はどう向き合うべきか。支援には必ずしも唯一の正解があるわけではないが、正解により近い状態へと持ってゆけるとしたら、やはり複数の支援者が協働で対象者を支える体制をつくり上げるこ

とが望ましいのではないか（つまり、正解へ近づく可能性を高めるのではないか）と考える。**第Ⅱ部第4章**の最後にまとめた通り、就職困難性を引き起こす様々な可能性のひとつに、支援者側の要因もある。支援者と対象者との個人的な「相性」の問題から、その支援者や所属する支援機関が得意・不得意とする支援内容に依存する問題などがあり、それらは就職困難性を緩和できる可能性をもつ一方で、問題解決にかえって時間がかかり過ぎてしまうこともあり得る。支援者の善意や個人的な経験・技量・技巧だけで支援ができるほど、問題解決は簡単ではない。様々な専門性やノウハウ、経験をもつ個々の支援者は各地域に点在しているが、彼らが時には組織の壁を越えて協働し、適切な情報共有を行うことによって、初めて状況を前に進めることができる。これは学校内部でも同様である。**第Ⅱ部第3章**で困難学生への有効な支援事例としてある大学で聞かれたのは、全学的な「チーム支援」であった。チームの中では、支援対象学生に関する情報共有が適切に行われる。ただし、こうした支援が行われるためには、困難な状況を相談する若者が安心できるような、徹底した情報管理体制が確保される必要があることは言うまでもない。

　現代社会は技術革新のスピードも速く、就職後の将来を簡単に見通せる時代ではない。それは、キャリアを築く上で誰もが「困難」に陥る可能性がある社会であるともいえる。就職先を見つけるのに苦労する状況、あるいは就業後のキャリア形成の方向性に疑問を感じる状況というのは、一部の若者に限った話ではなく、実は誰にでも起こり得る非常に身近な問題である。なぜなら、本書の後半でまとめた「就職困難な若者にみられる特徴」は、多かれ少なかれ自分自身にも当てはまる特徴ではなかっただろうか。「若年就職困難者」の存在を決して他人事ととらえず、誰もがもち得る特徴だと考え、社会全体で理解が進んでゆくことが何よりも大切ではないかと考える。支える側に回るときもあれば、支えられる側に回るときもある。そのような温かいまなざしのある社会であってほしいと思う。

索　　引

【執筆者略歴】

深町　珠由（ふかまち・たまゆ）：序章、第Ⅱ部第3章、第4章、終章
　　労働政策研究・研修機構　主任研究員　博士（学術）
　　若年者向けキャリアガイダンス、職業適性検査等ツールの開発と活用、若年就職困難者に対するキャリア支援のあり方等に関する研究に従事。主な著作に、「適性検査を活用した相談ケース記録の分析と考察」（2016年，JILPT資料シリーズNo.175）など。専門分野は、心理学（キャリアガイダンス、キャリア支援）。

室山　晴美（むろやま・はるみ）：第Ⅰ部第1章、第2章
　　労働政策研究・研修機構　理事　博士（学術）
　　キャリアガイダンスツール（職業レディネス・テスト、VPI職業興味検査、キャリア・インサイト等）の開発と活用に関する研究に従事。主な著作に、「キャリア形成支援における適性評価の意義と方法」（2012年，JILPT第2期プロジェクト研究シリーズNo.6，共著）など。専門分野は、心理学（職業適性、キャリアガイダンス）。

JILPT 第3期プロジェクト研究シリーズ No.6
若年者就職支援とキャリアガイダンス
―個人特性に配慮した進路選択の現状と課題―

2018年 3月16日　第1刷発行

編　集　(独)労働政策研究・研修機構
発行者　理事長　菅野和夫
発行所　(独)労働政策研究・研修機構
　　　　〒177-8502　東京都練馬区上石神井4-8-23
　　　　電話 03-5903-6263
制　作　株式会社 ディグ
印刷所　有限会社 太平印刷